열반당 번데기의 꿈

열반당 번데기의 꿈

| 김 홍 열 시집 |

마치 애벌레가 자라서 변화를 거듭하여
결국 나비가 되어 자유로이 날아가듯이...

도서출판 천우

1960년대 중반 나는 의예과 2학년이 되던 해 5월 첫 주말, 우연히 교내 신문(연세 춘추)에 실린 독일 의사 시인 한스 카로사에 관한 기사를 보고 〈나도 의사 시인이 되어…〉 하고 막연히 꿈을 꾸었다. 그 후 점차 그는 내 롤 모델처럼 세월이 가도 변하지 않는 '순금의 언어'로 시를 쓰고 싶었다. 시는 내 마음의 벗이 되어 가끔 습작시를 의과대학 월보에 실었다. 본과 3학년 때는 그토록 바쁜 일과 중에도 문예반 일을 맡아 교지 〈세란문학〉 10집을 내기 위해 일일이 교수님들을 찾아가 원고 청탁은 물론 편집과 출판까지 해보았다.

졸업 후 군의 장교 3년은 시와 더욱 가까이 지냈다. 박목월 선생이 주간으로 있던 월간 『심상(心象)』을 구독하면서 시의 맛을 들일 무렵 세간에 청유(淸遊)한 행동으로 잔잔한 파문을 일으켰던 천상병 시인으로부터 깊은 인상을 받은 적도 있다. 전역 후 전문 과목으로 일반외과를 택하고 보니 수술 경험이 순금의 시를 위한 밑거름이 되길 바랐다.

그러나 막상 외과의사가 되기 위한 전공의 수련은 쉽지 않았다. 체력의 한계를 느끼고 좌절하다가 간신히 외과 전문의가 되었다. 그러자 내 생활은 피와 스트레스로 범벅이 되어 한동안 시를 잊고 지내다가 지명의 나이에 박재삼 선생님의 추천으로 등단했다. 그 후 갑자기 어머님을 여의고 큰 충격을 받았다. 땅이 꺼지는 아픔으로 쓴 시를 모아 서거 6주기를 맞아 추모 시집 『어머님의 침묵』을 냈다. 백구과극이라는 말처럼 순식간에 환갑을 지나 어언 고희가 되니 내 인생도 석양이 되었다.

그러다가 은평구에서 30년간 해오던 개업(의원)을 접어야했다. 재개발에 밀려 세든 건물이 철거되기 때문이었다. 얼마 후 요양병원에 취업했다. 의사로서 하는 일은 같으나 그 입장은 매우 달랐다. 전에는 빠른 회복을 위한 것이었으나 요양병원은 대부분 노인성 만성병으로 병나기 전으로 회복이 불가능한 환자들이었다. 인생을 다 사신 분들로서 여생이 얼마 남지 않은 어르신들이었다.

날마다 저승 문전에서 헤매는 어르신들을 볼 때마다 안타까운 마음과 인간 번데기라는 생각이 들었다. 또한 나 자신도 그분들처럼 이 시대를 함께 살아가는 인간 번데기로서 얼마 후엔 고치 집을 지어 그 안에 있다가 때가 되면 나방이 되어 다시 세상으로 나와 자유롭게 날아갈 꿈을 꾸게 되었다. 그러므로 이 과정은 다음 생을 준비하는 기간이라고 느껴졌다. 또한 나도 자신이 들어갈 고치 집을 짓기 위해 부지런히 시(詩)실을 뽑아야 한다고 생각했다.

그때부터 인간의 죽음과 영혼에 대한 관심이 더욱 새로워졌다. 미국의 유명한 정신과 의사 엘리자베스 퀴블러 로스는 "사후 생은 신념의 문제가 아니라 누구나 알게 될 지식이다."라고 선언했다. 사후 생은 마치 지구의 자전과 공전이 자연 과학의 지식인 것처럼 말이다. 그렇다면 영혼은 무엇이고 사람이 살아 있을 때는 어떤 형태로 어디에 있다가 죽을 때 어떻게 육신을 벗어나 어디로 가게 되는가. 영혼은 윤회하는가, 영혼이란 물질인가 비물질인가, 정신은 단순히 뇌세포의 기능인가, 그리고 영혼은 또한 윤리적이고 종교적인가 등 많은 것을 알고 싶었다(본문「영혼에 대하여」참조).

인간은 누구나 일생을 다 살면 늙어 죽는다. 육신은 썩어 분해되고 영혼만 자유롭게 되는데 마치 애벌레가 자라서 변화를 거듭하여 결국 나비가 되어 자유로이 날아가듯이. 우리는 살아가면서 그렇게 큰 변화의 시기를 맞을 때 고통스런 어려움을 겪는다. 그 순간은 무척이나 힘들지만 그 과정이 끝나면 새 생명으로 변화한 자신을 발견할 수 있다. 열반당(涅槃堂; 늙어 병든 승려가 죽을 때까지 거처하도록 사찰 경내에 있는 집을 이르는데 여기서는 요양병원을 말함) 번데기들도 장래 나비가 될 꿈(천상생명)을 안고 날마다 고통을 참고 다음 생을 위해서 준비 중이다.

그리고 인간은 자기 맘대로 죽을 권리가 없는 피조물이지만 최소한 인간적 품위를 갖고 죽을 수 있는 권리를 가진다. 또한 인간은 누구나 공평히 치료를 받을 수 있는 권리가 있는 것처럼 치료를 거부할 수 있는 권리도 있다는 뜻의 존엄사를 택할 수 있다. 즉 무의미한 연명의료를 거부하는 의견을 문서로 미리 작성해두는 일이다. 치매나 돌발사고로 인하여 건강을 잃기 전에 자필로 〈사전 의료 의향서〉를 써서 자식이나 법정 대리인에게 맡겨 뒷일을 의탁하는 것이다.

이제 요양병원 생활 9년, 그동안 내가 주치의로 일하면서 임종을 지켜본 모든 영령들께 삼가 명복을 빌고 평소 연민의 정으로 써두었던 졸작 시를 만가로 드리고 싶다. 아울러 장수 의학, 인간의 죽음과 존엄사 그리고 영혼에 관한 단상 등을 모아 이 문집을 내게 되었다. 아무쪼록 웰빙과 웰다잉이 제일 관심사인 이 시대에 독자 제현께서는 진실한 마음의 소통을 위한 채널로서 너그러이 봐주시길 바라는 마음 간절하다.

끝으로 여기에 우리 모교의 대 선배님이신 순국 시성 윤동주 시인의 서시를 인용하면서 이 머리말을 갈음하고 싶다.

서시

윤동주

죽는 날까지 하늘을 우러러
한 점 부끄럼 없기를,
잎새에 이는 바람에도
나는 괴로워했다.
별을 노래하는 마음으로
모든 죽어가는 것을 사랑해야지
그리고 나한테 주어진 길을 가야겠다.

오늘 밤에도 별이 바람에 스치운다.

2023. 4.

김 홍 열

김홍열 시인과 월간 『문학세계』가 인연을 맺은 지도 35년의 세월이 흘러갔다. 90년대 시인으로 등단 입문 후 문학의 깊은 사상과 감성을 펴 올리던 무렵 사랑하는 어머님을 여의고 큰 충격으로 힘들어하던 중 주체할 수 없는 슬픔과 회한을 한데 모아 서거 6주년에 첫 시집 『어머니의 침묵』 사모곡 같은 처녀 시집을 발간하였다.

수십 년 동안 환자 치료에 전념하다 보니 시를 잠시 접고 있었던 차, 장장 30여 년 만에 시와 수필, 기고문 글 등을 엮은 작품집 『열반당 번데기의 꿈』을 세상 밖으로 내놓은 시점이다. 시인은 연세대 의대를 졸업한 후 일반외과 개업을 30여 년간 운영해 오던 중 병원이 재개발로 인하여 철거 후 요양병원 근무 9년 동안 생경하게 느낀 점을 페이 닥터로 근무하면서 열반당 즉 늙고 병든 승려가 기거하는 사찰 같은 마지막 이승의 정점이 요양병원이라는 생각이 시인의 글 속에서 진솔하게 그려져 있다.

팔순의 연륜임에도 정신세계만큼은 청년기 못지않을 정도로 올곧으시고 청빈한 사상을 겸비하고 있어 누구보다 의사로서 직분을 충실히 수행하고 있는지도 모른다. 천직이라 할 만큼 일생을 환자를 돌보면서 자아 성찰의 깊은 메시지는 삶의 지침서이자 본보기가 될 만큼 심오한 뜻과 죽음이라는 이념 앞에 두려워하지 말라는 참뜻이 작품마다 묻어난다. 사람은 누구나 태어나서 영원히 존재한다는 보장이 그 누구에게도 주어지지 않음을 여실히 깨닫고 있지만 저승길 앞에서는 두려움과 공포감이 에워싸고 있음을 여실히 증명해주고 있다.

장편 서사시와 같고 대장정의 대하소설 같은 시인의 작품집을 보고 놀랐던 것은 사실이다. 환자를 진료하던 요양병원에서 체험한 과정을 글로 집필한 내용들이 많았다. 인간의 죽음과 존엄사에 대해 집중적으로 관철하는 동안 사후 생은 누구나 알아야 할 의무 같은 것으로 생각하며 수많은 환자의 임종을 지켜보면서 이 작품집을 발간하게 되는 동기부여가 되었다.

총 150편이 되는 대장정의 주옥같은 작품세계는 서정 시편과 체험기, 금연기 등 죽음을 앞둔 사람들에게는 사후세계의 미래지향적인 면면들도 있으며 신앙 속에서 생로병사(生老病死) - 사람은 태어나서 늙고 병들고 죽는다. 생자필멸(生者必滅) - 생명이 있는 모든 것은 죽기 마련이고, 회자정리(會者定離) - 사람은 누구나 만나고 헤어지는 법이 인간세상이라는 점을 글을 통하여 잘 접목하면서 화자의 깊고 넓은 팔순의 연륜만큼 겸허한 자세로 열반당 번데기의 꿈이 펼쳐졌다.

시인의 저서가 NO life without pain(고통 없는 삶은 없다)는 뜻이 잘 전달되기를 바라면서 초로의 연륜에도 불구하고 작품집 상재를 위하여 고군분투(孤軍奮鬪)하시는 모습에 감동을 받았다. 독자들에게 깨달음과 기도의 서(書)가 되기를 기원하는 바이며 출간을 진심으로 축하드린다.

김 천 우 시인 · 문학평론가 · (사)세계문인협회 이사장

시인의 말
축사 • 김천우(시인 · 문학평론가 · (사)세계문인협회 이사장)

제01부 하늘정원 15

성경 화수분 17
하늘정원 18
"나는 언제 죽나요?" 20
옹알이 26
십자고상 바라보며 28
진정한 효도 29
생불여사(生不如死) 32
견주수명(見主授命) 34
임종 만가(挽歌) 36
신의 전령 37
사랑 에너지 38
송 형에게 40
그릇은 작아도 43
내 시는 낙서 44
희수(喜壽) 46
자시상(自詩像) 48
노후 보장 50
돼지 꿈 52
이승 업경대(業鏡臺) 54
평화를 위한 기도 56
자화상(自畵像) 58

제02부 나는 작은 화병 ··············· 61

개망초 ·· 63
내 전생은 ···································· 64
나는 작은 화병 ······························ 66
내 신앙의 유레카 ···························· 67
〈환청〉 지금 행복하라 ······················ 71
나무의 서방 ································· 72
독서상우(讀書尙友) ··························· 74
〈환청〉 내가 시를 만든 것이 아니다.
시가 나를 만들었다 ························· 76
〈환청〉 어머님 26주기에 들리는 말씀 ······ 78
삶의 그림자 ································· 80
저승열차 ····································· 82
내가 사는 보람 ······························ 89
마음의 보약 ································· 90
〈환청 〉 인호(印號) ························· 92
〈환청〉 '세 살 버릇 저승까지 간다' ········· 94
둔필승총(鈍筆勝總) ·························· 96
〈환청〉 '셈평을 버려라' ····················· 97
마음이라도 ·································· 98
시 쓰기 좋은 나이 ··························· 101
시간의 바퀴 아래 ···························· 102
내 인생 모자이크 ···························· 103

제03부 영혼의 사다리 ····················· 105

영혼의 사다리 ······································ 107
〈환청〉 '생명의 꽃을 피워라' ···················· 108
〈환청〉 조문도(朝聞道) ···························· 109
명견(明見) [복음(福音)] 만리(萬里) ········· 110
열반의 시 ·· 112
노당익장(老當益壯) ································ 113
하와 할머니 세상 ································ 114
임종내영(臨終來迎) ································ 116
야생화 타령 ·· 118
작은 앨범 ·· 121
〈환청〉 빛으로 살아라 ···························· 122
〈환청〉 저승 문전에서 들리는 아우성 ······ 123
〈환청〉 금혼식을 앞둔 노마야 ················ 126
나는 외롭지 않아 ································ 128
〈시참(詩讖)〉 꿈에 뵌 어머님 말씀 ··········· 130
〈환청〉 '너는 삼류다' ···························· 132
〈환청〉 '너는 이승열차 역무원 의사' ········· 133
어머님 화단 ·· 134
시간의 낫과 시 ···································· 136
빙청옥윤(氷淸玉潤) ································ 137
사랑의 향기 ·· 138

제04부 열반당 번데기의 꿈 ········· 141

빛으로 살리라 ······························ 143

나의 석춘사(惜春詞) ······················ 144

열반당 번데기의 꿈 ······················ 146

팔순 원단 소감 ···························· 150

〈환청〉 '행복하게 살고 싶으냐?' ············ 152

〈환청〉 '너는 피조물' ······················ 154

웰빙과 웰다잉 ······························ 156

내 마음의 글밭 ···························· 158

수어지교(水魚之交) ························ 160

바른손 문명 ································ 161

영혼과 사랑 그리고 지혜 ·················· 164

인간 벌레 ·································· 167

하늘과 나의 시 ···························· 178

인생 끝내기 ································ 170

구름과 나의 시 ···························· 172

손녀와 숨바꼭질 ·························· 174

고통이 은총이다 ·························· 176

내 인생 동반자 ···························· 178

열반당(涅槃堂) ···························· 180

열반두의 만가 ······························ 182

나의 생활 금언 ···························· 184

제05부 영혼에 대하여 ………………… 187

〈탐구〉 영혼에 대하여 ……………………… 189
〈웰다잉을 위한 제언〉 저승길 로드맵 …… 209
〈영계탐험〉 천국관광 회원모집 …………… 227
〈환청〉 '나 좀 죽게 내버려 두오'…………… 258
〈수상〉 말 배우기 ……………………………… 263
〈금연 수기〉 나의 금연 투쟁 반생 기 ……… 265
〈마지막 당부〉 금연을 결심한 분에게 …… 279
〈서간〉 칠순을 맞은 아내에게 ……………… 280
〈단상〉 요양병원의 사명과 비전 …………… 286
내 생애 70경 …………………………………… 291
나의 유언……………………………………… 295
〈장수 의학〉 인간 수명 체크표 …………… 300

제1부

하늘정원

성경 화수분

무궁무진한
복음 단지

아무리 써도 줄지 않고
불어나는 하늘 곳간

무한이 샘솟는
지혜의 보고

구원의 두레박
행복의 원천

말할수록 더 복제되는
성령 말씀

영원한 사랑의 샘
성경 화수분

자자손손 유언의 귀감
하느님 말씀 화수분

하늘정원

안성 죽산면 도덕산 중턱
요양병원 옥상 '하늘정원'*

파란 가을 하늘 아래
서쪽으로 먼 산이 병풍처럼 보인다

인생 막장 요양병원
낙엽처럼 초췌한 노리들

정원에서 보행기 밀며
바라밀* 외운다

입원한 불자들 깨우는
법당 목탁 소리

헛된 육신 벗어나
진실한 생명 있나니 → (열반경)

임종이 가까운 최후 거처 열반당
그저 대왕님 자비만 우러르며

미리 선왕재 드리는 하늘정원
6층 법당 한글 주련이 선명하다

[불도를 다 이루오리다]
[법문을 다 배우오리다]
[번뇌를 다 끊으오리다]
[중생을 다 건지오리다]

저승으로 가는 열반당
자유의 나방을 꿈꾸는
인간 번데기 환우들

나는 호스피스 닥터
망자 고치 벗고 우화(羽化)하는 날
훨훨 창공에 날려 보내리

*하늘정원 : 요양병원(6층) 옥상을 아름답게 꾸민 정원.
*바라밀(波羅蜜) : 보살이 열반에 이르기 위해 실천해야 할 덕목.
(육 바라밀(波羅密) : 보시(報施) 인욕(忍辱) 지계(持戒) 정진(精進) 선정(禪定) 지혜(智慧)).

"나는 언제 죽나요?"

2015년 4월 중순, 따뜻한 봄날 오후
권 마리아(76)님이 입원하셨다

4년 전부터 분당 서울대 병원에서
폐암 치료중인데 6개월마다 검사 중이란다

체구는 보통이고 머리털은 회색
창백한 얼굴은 병색이 완연하다

내가 담당의사인데 잘 도와드릴 테니
이웃 환우들과 잘 지내시라고 하자
미소를 지으며 "그래야지요." 하셨다

잠시 후 진찰실로 자매님의 남동생 분이 찾아와
환자는 자식이 없어 자기가 보호자(후견인)라고 하면서
그 이유를 다음과 같이 알려주었다

'십 대 때 자궁 혹 수술을 받은 일이 있었고
이십 대 후반에 결혼했으나 자녀가 없어 5년 만에 이혼한 후
3남매를 둔 집에 후취로 갔으나 역시 아이가 없어
전실 자식들을 잘 키워 모두 결혼시켰다

그 후로 두 분이 살다가 십여 년 전 남편이 죽고 혼자 지내는 중
작년에 폐암이라는 진단을 받고 집에서 약만 먹고 지내왔다
그러다가 최근 기력이 떨어져 재산(약 8천)을 정리, 남동생인
자기에게 맡기고 입원하게 되었다'는 것이다

권 마리아님은 입원 후 몇 달은 그런대로 버티셨는데
언제부턴가 조금씩 숨이 차고 힘이 없다고 하셨다
어느 날 기침할 때 가래에 피가 섞여 나와
가슴사진을 찍어봤으나 뚜렷한 음영은 없었다

요즘은 약이 좋아 식사만 잘 하면 낫는다고 격려하니
나중엔 식욕촉진제도 마다 않고 드셨다

그러던 어느 날 아침 회진 때
"선생님, 전 이제 얼마 못 가겠지요?" 하고
나를 뻔히 바라보며 물으셨다
그러나 나는 꼭 희망을 갖고 밥을 거르지 말라고 다독였다

가을이 되어 정기검사를 받으러 분당 병원에 다녀오셨다
그런데 피검사만 하고 조직검사는 뒤로 미뤘다고 하신다
너무 무서워 앓느니 죽지 싶어 못 했단다

해가 바뀌고 어언 새 봄이 될 무렵
배가 부르고 다리가 부어 체중이 는다면서
매우 낙담한 기색으로 복수가 차면 이제
끝이지 않느냐고 나를 빤히 보면서 물으신다

심와부 우측 갈비 밑을 촉진해보니 간이 만져졌다
갈비뼈 밑으로 돌처럼 단단한 간 덩어리가
손가락 3개 너비로 커져 있었다, 역시 간 전이로 보였다

그 후로는 아침 회진 때마다
절망적인 모습으로 기력이 없고
어지러워 넘어질 것 같다고 호소하신다

갈수록 좀 더 빠른 속도로 배가 불러져
임신 7~8개월쯤 되어보였다
피부색도 조금씩 누런빛을 띠어갔다
나는 뭐라 위로할 말을 찾지 못했다

며칠 후 배에서 물을 뺄 수 없느냐고 하신다
물론 다시 고이겠지만 너무 숨이 차
한 번만이라도 해주길 원하셨다

자비로 알부민 주사를 매일 한 병씩
격일로 맞았으나 효과는 알 수 없었다
소변도 매일 조금씩 줄어 하루 100(정상은 600 이상)cc 이하다

그러다가 식욕을 완전히 잃고(간 기능이 없으므로)
죽 몇 숟가락 입에 넣다 말고 밥상을 내리고
달콤한 요구르트나 비스킷 몇 개로 때우신다

그러던 어느 날 인근 병원에 가
복수 1리터를 뽑고 오셨다.
우선 몸이 조금 가볍고 숨쉬기가 편하단다

다음 월요일 아침 회진 때
나는 자매님께 묵주를 선물하면서
성모님께 열심히 기도하길 권했다

그리고 끼니때마다 섭식을 독려하려고
자매님 입원실을 내 진찰실 앞으로 옮겼다

수시로 뵐 때마다 묵주가 손에 있는지 살폈으나
한 번도 볼 수 없어 무척 안타까웠다

그러던 어느 날 아침 회진 중에
자매님은 내게 정색을 하고 물으셨다

“선생님, 나는 언제 죽나요? 곰곰이 생각해보니
지난 세월 너무 잡초같이 살았어요.”
금세 자매님은 눈물을 찍어내고 있었다
자매님의 뜨거운 눈물이 내 가슴으로 흘러내려
즉각 말을 받았다

“사람은 다 잡초예요. 잡초처럼 이웃은 생각 않고
자기만 살려고 발버둥 쳐요. 입학시험 때 보세요.
우선 나부터 붙으려고 안달이지 누가 남 걱정하나요?
일단 자기가 붙으면 그제서야
이웃의 낙방을 동정할 뿐이지요.
그러니 이 사회가 모두 잡초 밭인 셈이에요.
자매님, 너무 걱정 마세요. 이제 모든 것 내려놓고
맘 편히 기도하세요. 주님께서는 반드시
자매님의 청원에 응답하실 거라고 믿어요.
인간은 누구나 왔다 가는 것이 숙명이니까요.”

나는 방을 나오면서 맘속으로 기도했다
〈하느님, 자비를 베푸시어 잡초로 사는
불쌍한 저희를 용서해주시고 사랑하는 마리아 자매님께
죽음의 고통에서 벗어나
영원한 주님의 평화와 안식을 주소서.〉

다음 날 자매님은 전에 복수를 천자했던 인근 병원으로
이송가시길 원하셨다

이제 자매님의 여명은 다 타버린 촛불
심지 끝에 깜박이는 희미한 불빛인데
마지막 희망을 막고 싶지 않았다

옮겨 가시던 다음 날 새벽,
운명하셨다는 연락을 받았다

지금도 자매님의 질문이 내 귓전을 맴돌고 있다
"나는 언제 죽나요?"

이제 이 질문은 내 자신의 것이 되었다
〈나는 언제 죽나요?〉

옹알이

아득히 먼 옛날 문자가 없던 때
선조들은 천뢰*로 울었다

후손들은 아플 때마다
하느님께 옹알이했다

이천여 년 전 지구를 구하러 오신 분께서
인간의 옹알이를 불쌍히 여기시어

모든 것을 비유로 알려주시니
진리가 확연히 드러났다

"나는 입을 열어 비유로 말하리라.
세상 창조 때부터 숨겨진 것을 드러내리라."
[마태13:34-35, 마르33-34]

주님 말씀은 천의무봉*,
비유는 완벽한 천뢰였다

십자가에서 불멸의 육신 되어
하늘로 오른 천상생명은 구원의 효시

흰 구름에 실어 하늘로 띄우는
나의 시는 영원한 미완성 옹알이다

*천뢰(天籟) : 하늘의 자연현상에서 나는 소리. 바람소리, 빗소리 천둥소리 등.
*천의무봉(天衣無縫) : 천사의 옷은 꿰맨 흔적이 없다는 뜻으로, 일부러 꾸민 데 없이 자연스럽고 아름다우면서 완전함을 이르는 말. 주로 시가나 문장에 대하여 사용함.

십자고상 바라보며

부활하신 주님은 승천하여
하늘 아래 어디나 다 보시고

육신으로 돌아가신 주님은 항상
우리집 거실 벽 십자가에서 나를 보고 계신다

오늘도 무의미한 연명의료에 고통 받는
환자들 돌보다 집에 와 주님께 빈다

'인간으로 최소한 품위를 갖고
죽을 수 있는 존엄사법'

제정 당시(2018)부터 까다로운 윤리적 절차로
벽지 요양병원은 유명무실한 지 5년여

생령들 볼모로 건보료 축내는 현실
현대판 고려장 부추긴다

저승 문전에서 절규하는 불쌍한 생령들 위해
조속히 시행령 고쳐 죽을 힘 덜어주소서!

진정한 효도

요양병원
환자가 임종할 때마다
어머님 말씀 떠오른다

"내가 늙어 죽을병 들거든 죽게 내버려 둬라.
네가 의사라고 맘대로 입원시켜 수술하지 마라.
나는 살 만큼 살았으니 더 살고 싶지 않구나.
80이 넘은 내가 (담석증)수술 받고 무슨 행복 바라랴,
나를 죽게 내버려 둬라 잠자듯이 가고 싶다."

어머님은 담석증과 황달로 극심한 고통 중에도
한사코 수술을 거부하고 여든 셋에 돌아가셨다(1991)

당시 사회적 통념은 생명연장을 위한
무한정 치료만이 사람의 도리이고 최선이었다

치료를 중단하는 것은 감히 엄두도 못 냈다
의사들은 진통제 모르핀도 호흡이 약해질까 봐 기피했다

나는 의사 아들로서 어머니 마음은 충분히 이해했으나
도저히 그럴 수는 없었다, 천하 불효자라는 말도 두려웠다

임종하시던 날 밤 참을 수 없는 가슴앓이로
몸부림치던 모습이 지금도 내 가슴을 친다

이제 와서 회고하니 모두 어리석고
부질없는 짓(치료)이었다

〈그토록 견디기 힘든 고통을 모르핀 주사로 극복,
잠시라도 틈을 내 마지막 말씀이라도 듣고
위로해 드릴 것을…〉

이제 좋은 죽음*에 대한 효도의 기준은 많이 변했다
부모님께서 파란만장한 일생을 정리하고 떠나는
영원한 작별의 마당에서

〈지극한 마음의 평화와 사랑으로 가족 간의 화해와 위로
그리고 종교적 신념까지 백분 소통하기 위한 금쪽같은
시간과 장소를 제공하는 것〉으로 말이다

요컨대 진정한 호스피스와 지복한 마음으로 웰다잉을 맞도록
최선을 다하는 것이다

*좋은 죽음 : 예부터 우리 조상들은 고종명(考終命 : 제명대로 살다가 편안히 죽는 것)을 오복의 하나로 여겨왔다. 그러나 현대인은 가족이 지켜보는 가운데 편안히 눈을 감는 것 외에도 적절한 수명, 무병 사, 주위 사람들에게 금전적 육체적 부담을 주지 않는 것, 통증이 없는 것, 자녀나 배우자를 먼저 보내지 않고 잘 사는 것을 보고 죽는 것 등 다양하다.

생불여사(生不如死)

'삶이 죽음만 같지 않으니'
〈앓느니 죽는다〉는 말과 통한다

치매로 인사불성,
가족들의 아픔은 끝이 없다

뇌졸중으로 반신불수 되어
온종일 누워 지내는 삶의 고통

삼 일마다 투석으로 생명을 유지하는
시한부 인생의 참담한 심정

요양병원 말기 환자들 이승 마지막 숙소
잠시도 서지 않고 미지의 곳으로 가는 저승열차

나는 역무원 호스피스 닥터
늘 가라앉지 않는 말 '생불여사' '사후 생'

죽음이란 도대체 무엇이고
사후는 어떤 세계인가?

저승은 어디로 통하여
사후 생과 어떻게 연결될까?

열반당 인간 번데기 어르신들
하루하루 꿈을 먹고 버틴다

천상 생명으로 다시 태어나
더없는 행복한 나라로 갈 꿈을

나는 믿는다 저들의 기도를
번데기의 꿈은 반드시 이뤄진다고

한 지붕 아래 동고동락한 우리들의 우정도
불멸의 영계로 가리라 믿는다

견주수명(見主授命)

이제 내 나이 산수
호스피스 닥터를 천직으로
성실히 사의(事宜) 맞게 살지만

언젠가 나도 저들처럼 침상에 누운 채
이웃이나 가족과 작별도 못 하고
몸부림치다 떠날 것이다

영혼은 자신의 죽음을 어렴풋이 감지하나
육신은 미동도 불가능한 것

내 몸은 승하원으로 옮겨져
타고 남은 유골은 자연으로 돌아가고

지금 쓰는 이 글도
잠시 지상을 구르다 말 것이다

내 시는 파란 하늘로 가는 사다리
무한히 고쳐 쓰며 오르는 각성의 계단

어언 사다리도 백척간두 막장
행운의 순금의 노다지
은총의 시간이 오면

나의 주님 따스한 불빛 따라
부나비로 온몸 던져 침몰하리

임종 만가(挽歌)

병마와 싸우다 마침내 저승으로 가는 환우들
나는 장의사(葬醫師) 도우미

극한의 고통 속에 말도 못하고
헐떡이다 세상을 뜨는 생명

끝까지 따라가 돕고 싶으나
영혼의 행방 알 수 없어

숨 멎은 후 심장 박동 없고 동공 열리면
작별인사 침묵의 기도로 한다

나는 오로지 주검만 바라보며
삼가 주님께 명복을 빈다

허무와 슬픔 너머 저세상
떠나는 고인의 장도를 비는 만가

사정이 어려워 종부성사 못 해도
부디 병석 회개로 용서를 구하며

천주님 품안에서
영원한 지복 누리시길

신의 전령

신은 창조 이래 시간을 전령으로 하여
모든 생명체에 일정한 생존기한을 준다

생명체는 그 기간 내에 자기를 복제하느라
잠시도 쉴 수 없다[일체개고(一切皆苦)*]

그러다보니 천지 만물은
끊임없이 변해간다[제행무상(諸行無常)*]

만물의 본질은 나가 없고
속이 비었나니[제법무아(諸法無我)*]

시간의 낫에 베이기 전에(셰익스피어)
깨닫고 평화에 들라[열반적정(涅槃寂靜)*]

*일체계고, 제행무상, 제법무아, 열반적정 : 불교의 사성제[四聖諦 고(苦), 집(集), 멸(滅), 도(道) 영원히 변하지 않는 네 가지 성스러운 진리]를 말함.

사랑 에너지

우주를 움직이는 네 가지 큰 힘은
중력 강핵력 약핵력 전자기장이라고
물리학은 말한다

그런데 생물의 일생을 지배하는
생명력의 원천인 사랑 에너지는 왜 없을까?

인간은 사랑 에너지로 2세를 낳아
잘 기르려고 일생을 바친다

점차 늙어 죽음이 가까우면
사랑의 샘이 말라 기력을 잃는다

우주를 움직이는 네 큰 힘은
창조주의 하드웨어이고

사랑 에너지는
소프트웨어일까?

사랑 에너지는 역학적으로
전자기장에 속할까?

그 강도는 전압으로
효과는 파동 에너지로 나타나면

사랑 에너지는
어떻게 보일까?

송 형에게

나 죽거든
이 땅의 어중이 시인 하나
간 줄 알게나

누가 묻거든
그 넘 시는 뭔지 몰라도
자칭 의사 시인이라 했지

십여 년간 요양병원 닥터로 일하면서
회진할 때는 환자 손잡고
웃음이 약이라고 농담만 하다가

막상 환우가 저승으로 떠나면
망자의 영혼을 위로하는 만가로
명복을 빈다 했지

송 형,
나는 어려서부터 약골로 울보였는데
어른이 되어도 술 취하면 잘 울었지

그러다가 50 넘어서는
울지 않고 시를 쓰면서
고통과 슬픔을 달래고 있네

특히 북경에서 옥사한 순국 시성 이육사*
후쿠오카 감옥에서 마루타 생체실험*에 희생된 윤동주
한센병 시인 한하운*을 읽고 가슴으로 울었지

이제 산수를 앞둔 나이,
과거를 회고하니 풍타낭타로 산 인생이
그저 부끄럽고 허무할 뿐이네

송 형, 십여 년 전
형이 몽골에서 봉사하고 있을 때
서울 주보(천주교)에 형이 소개되었었지

몇 년간을 우즈베키스탄 몽골 등 외국에서
봉사하고 있는 형의 프로필이 실려 있었네

그것을 보고 형이야말로 한국의 슈바이처
이 시대의 산 성자로 생각되었어

송 형, 형은 이 시대의 의사 중 롤 모델이고
나는 호스피스용 도규로 시 밭을 갈고 있네

그동안 늘 고마웠네
내내 기거만복 하시게

우제 김 루카 배상

* 이육사(1904.5.18.~1944.1.16.) : 본명은 이원록. 안동시 도산면 출생. 허베이 성 베이핑 시 일제 감옥 사망.
* 마루타 생체실험 : 미국에서 개발 중인 혈장 대용 수액이 나오기 직전 일제치하 구주제대는 바닷물을 직접 인체 혈관에 주입하여 그 반응을 관찰. 이 실험으로 27세(1917.12.30.~1945.2.16.)의 젊은 윤 시인은 얼마동안 혹독한 두통을 호소하다가 혼절, 사망했는데 후쿠오카 형무소는 〈사인은 뇌일혈〉로 날조 발표함.
* 한하운(1920.3.20.~1975.2.28.) : 함남 함흥군 덕천면 출생. 인천 부평구 심정동 사망.

그릇은 작아도

제 그릇은 작아도
님의 사랑 채워 주소서

원하는 대로
다 주시는 사랑

언제 어디서나
이웃과 나누리다

오병이어(五餠二魚)*처럼
가득 채워주소서

원하는 대로
다 주시는 님의 사랑

비록 그릇은 작아도
퍼낼수록 솟는 화수분처럼

늘 채워주소서
그릇은 작아도

*오병이어 : 빵 5개와 물고기 두 마리로 5천 명을 배불리 먹이신 예수님의 기적.

내 시는 낙서

내 시는 마흔 넘어 등단한
인생 낙서

의대생이 되고부터 막연히
녹슬지 않는 순금의 시를 쓰고 싶었다

의사가 되어 생각하니
선혈이 낭자한 수술대가
시 캐는 금광으로 보였지

자신의 체력도 한계
서른여덟에 늦깎이 외과의사

순금 언어를 캐는 광부가 되어
피땀으로 막장을 누볐으나
노다지는 보이지 않았다

눈에 띄는 것은 으레 잡석이나 막돌
채굴하여 제련할 줄도 모르고
금덩이만 찾던 숙맥이 광부는

세월이 흐를수록
눈도 연장도 무뎌졌다

뒤늦게 설비한 용광로
아직도 제련이 서툰 아마추어

엽자금 찾아 헤맨 광부 외과의 일생
내 나이도 어언 희수

이젠 고칠 수 없이 빛바랜 혈서
지울 수 없는 인생 낙서

순금의 시는 저 멀리
제련소에서 피어오르는 흰 연기 되어
하늘 어디까지 오를 수 있을까

희수(喜壽)

어언 내 나이
77살 희수다

7은 원래 과부족이 없는 중용의 수
희수는 7이 쌍으로 되어 있어
장수와 행운을 뜻하는 미칭이다

두 살 때 홍역 앓다가 기사회생
운 좋아 일흔 일곱 해 살았구나

이제는 늘 그러려니 하고
기쁘게 살라는 말로 들린다

'지금 그대로 행복하라'는
고승*의 충고 떠오른다

열반당 근무 6년째 임종 지켜보며
나도 수구문 차례인 것을 어쩌랴

여생은 환우들 벗 삼아 도우면서
내 순번 올 때까지 글밭에서

시와 함께 청유(淸遊)하다가
마침내 저승에 가는 날

28년 전에 가신 고운 님[선비(先妣)]
마중 나오시면 천상 해후를 맞자

*고승 : 틱낫한(1926~2022), 베트남 출신의 세계적 비구승. 50여 권의 저서가 있고 빈민 구제 등 사회참여와 실천을 강조한 고승으로 생존 시 4대 생불로 알려졌었음.

자시상(自詩像)

내 시는 어찌 보면
시도 산문도 아니다

사전적 정의를 떠나
오로지 자유를 원할 뿐

여백 가운데 글 있듯
망자 곁에 내 삶 있다

임종을 지켜보는 허무와
슬픔을 달래는 위로가 바탕색

죽음이 없으면
생도 부활도 없을 것

죽음은 인생의 대단원
막장에서 찾는 회개와 각성의 시

나는 호스피스 닥터
시의 노다지 찾는 광부다

머나먼 장도에 오르기 전
임종업성(臨終業成) 축원하는

망자의 영혼에 드리는 만가(輓歌)
서툰 상여꾼 향도가(香徒歌)다

노후 보장

일생을 다 살고 나면
시냇물에 떨어진 낙엽처럼
말년은 노환과 죽음뿐

인생 막장 저승열차 종착역
요양병원 노리들은 삼고*에 목 탄다

〈좁은 문으로 들어가라.
멸망에 이르는 문은 크고 또 그 길이 넓어서
그리로 가는 사람이 많지만
생명에 이르는 문은 좁고 또 그 길이 험해서
그리로 찾아드는 사람이 적다.〉

평생을 좁고 험한 길을 피해서
넓고 평탄한 길만 찾아서 사는 중생

오로지 자신만을 위해
노후 준비만 하고 살았는데

어느 날 갑자기 죽을병 들어
저승이 가까운 몸이 되고 보니

맙소사, 사후보장이 더 급한 것을
세월만 허투루 보냈으니

*삼고(三苦) : 독고(獨苦), 병고(病苦), 전고(錢苦).

돼지 꿈

돼지꿈을 꾸면 대박이 난다고
복권을 산다는데

나는 과거 한 번도 그런 꿈을 꾼 적이 없고
복권이나 증권은 내 관심 밖이었다

당첨 확률도 너무 낮지만 그런 대박을 타고난
행운아는 아니라고 믿기 때문이다

그런데 차츰 나이를 먹으면서 최소한
노후 자금은 필수다 싶었다

그러나 내가 생각한 안락한 노후는
하는 일 없이 맛있는 음식을 즐기면서
기껏 여행이나 하는 것이었다

하는 일 없이 한가한 인간은 고인 물처럼
마침내 썩는다는 말이 있는데

노후가 편할수록 나태해져 꿀돼지처럼
먹는 것만 즐기다가 자기도 모르게

죽을병이 들어 더 살려고 발버둥치다
결국 저승으로 가는 것

영혼의 각성 없는 안락한 노후는
우리에서 사료만 먹는 꿀꿀이다

누구나 피할 수 없는 노쇠와 질병
망령 나기 전에 미리 정리하고

열심히 일하다가 급사하는 것이
웰다잉이 아닐까

이승 업경대(業鏡臺)*

언제부턴가 아침에 일어나
세면하고 거울을 보면
나와 꼭 닮은 사람이 보였다

분명히 내 모습인데
거울 속에 보이는 저가
내 과거 행적을 심판하는 재판관처럼 속삭인다

〈아이구 이넘아
너도 많이 늙었구나
주름살 검버섯 좀 봐

아무 것도 해놓은 것 없이
부질없이 세월만 가고 말았지

지금이라도 정신 바짝 차리고
남은 시간 좋은 일만 하고 살아라
네가 그토록 원한 것이 무엇이냐?〉

이제 팔순 고개를 넘고 보니
저승에 가기도 전에

으레 보던 명경이 살아서 보는
이승 업경대*로 바뀌었나 보다

* 업경대(業鏡臺) : (불교) 저승 입구에 있다는 거울. 지나는 사람의 생전의 행실을 그대로 비춘다고 함.

평화를 위한 기도

구름아,
너는 쉴 새 없이
뭘 하느냐?

잠시도 멈추지 않고 모였다 흩어졌다 하면서
하얀 뭉게구름으로 목화처럼 피어나기도 하고
어떤 땐 먹장구름으로 폭우와 벼락을 내리는데

바람 따라 천변만화하면서
지상을 떠돌며 온갖 조화로
만물을 살리고 죽이는구나

구름아
너는 두 개의 수소 원자와 한 개의 산소 원자가 결합한
물 분자의 집합체

항상 바람타고
어디서 와서 어디로 가는가?

하늘이 고향인가
바다가 고향인가

구름아
너는 물로써
이 행성을 위해

시간 따라 일하는
신의 전령 맞지?

그렇다면 이 지상을 달리다가
높은 곳은 벼락으로
낮은 곳은 물 폭탄으로

전쟁무기 제조업자를
노아 때처럼 다시 한 번 쓸어다오.
구름아!

자화상(自畵像)

십 년 전 칠순 기념으로
직접 거울 보고 그린 내 초상화

자신을 그리는 것은 쉽지 않았다
자기를 객체로 보기 어렵기 때문이다

한 해 동안 맘먹고 공들인 유화
서툰 붓질 흔적이 역력하다

개성도 박력도 없는 모습
내 한계를 보는 듯

그래도 버리기엔 공들인 시간이 아까워
내 방에 걸어둔 지 어언 십 년

이제 더 봐줄 본인도 저승 가고 없으면
어찌 처분할지 숙제다

영정사진으로 할까 했으나
아내는 자식 핑계로 언감생심이다

오래 걸려있을 위인은 못 되니
어디서나 푸대접 받기 전에

내 손으로 처분할
첫 번째 것이지 싶구나

제2부

나는 작은 화병

개망초

아파트 베란다 창틀에서 자란 개망초
어언 꽃이 피어 바람에 나부낀다

가벼이 흔들리는 가녀린 네 모습
그토록 강인한 생명력은 어디 있느냐

얼마 아니면 시들 운명
순간에서 영원을 부르는 미소가
엷은 보라색 꽃잎에 서렸구나

북미에서 귀화한
두 해살이 개망초야

놀라운 적응력으로 진화하는 너
화려한 변신이 전 지구를 수놓으리

천생 수수한 개망초
오늘은 네가 유난히 가상쿠나

내 전생은

내 전생은 어땠을까
인도환생은 어렵다는데

선고께서는 유가 선비
천성이 어진 한의사

가난 중에도 박시제중하고
서예(한자)에 능한 시인이셨다

선비께서는 강상이 밝은 가문 재원으로
침선방적과 예의범절에 출중하시고

독실한 우바니로서
'지성 감천'을 신봉하셨다

양친 모두 무병장수하시어
미수 가까이 사셨다

선친께서는 단기지계(斷機之戒)를
의방지훈으로 훈도하시니

늘 “정월 초에 먹은 결심이
섣달그믐까지 가야한다”고 다독이셨다

인생은 자업자득(自業自得)
이승에서 하던 습관대로 저승에 갈 것

나는 영세한 하느님 백성
육도 환생 벗어난 몸이다

천상 생명으로 태어나기 위해
이승은 지극히 짧은 준비 과정

이제 유종지미를 위해
마지막으로 무엇을 할까?

나는 작은 화병

나는 주님의 꽃
꽂아두는 작은 화병

2천 년 전
십자가에 피우신
사랑의 피 꽃

사시사철 싱그러운
십자나무 선혈 꽃

멀어도 꽃향기
진동하는 만리향

영원히 부활하는
사랑의 불꽃

나는 주님의 꽃가지 하나
모시는 작은 화병

내 신앙의 유레카

주님께서 그리스도이신 것을
예전엔 미처 몰랐었다

의대생 때 아침(8시) 채플은
으레 조리치는 시간
말씀보다 출석이 우선이었지

졸업 후 십여 년 지나 전문의가 되어
신부님 권유로 『무엇 하는 사람들인가』*를 읽고
주님 참모습 알게 되었다

불혹의 나이에 가톨릭 예비신자로서
미사 때마다 울었다

특히 성체와 성혈을 축성할 때
사제가 낭송하는 말씀이 최루제였다

"너희는 모두 이것을 받아먹어라
이는 너희를 위하여 내어줄 내 몸이다."

"너희는 모두 이것을 받아마셔라. 이는
새롭고 영원한 계약을 맺는 내 피의 잔이니

너희와 모든 이를 위하여 흘릴 피다.
너희는 나를 기억하여 이를 행하여라."

성체(오백 원짜리 동전만 한 크기의 누런 비스킷)를 두 손으로
높이 들어 보일 때와 성혈(포도주잔-금배)를 차례로 보일 때마다
내 눈에는 뜨거운 눈물이 맺혔다

그 순간 주님의 수난이 내 가슴에 파고들어 나도 모르게
눈시울이 적셔졌다. 거기다 성체를 영하면 감개무량하여
뭐라 말할 수 없는 신비스런 황홀감이 들었다

대학생 때 그토록 무감각했던 예수님께서 나의 진정한 그리스도로
나타나신 것은 내 생애 최고의 축복이자 유레카였다

그 후 천주교 신자로서 어언 40여 년
직업이 의사라서 죽음과 내세에 관한 주님
말씀(성경)에 주목하여 곰곰이 생각해보았다

지극히 순간인 이승에 죄짓지 말라는 충고와
영원한 내세의 하늘나라에 대한 비유가 많았다

"하느님 나라는 어린이들과 같은 사람들의 것이다.
육신은 죽여도 그 이상은 더 어떻게 하지 못하는
자들을 두려워하지 말라.

너희가 참으로 두려워해야 할 분은
육신을 죽인 뒤에 지옥에 떨어뜨릴 권한까지 가지신 하느님이시다.
손이나 발이 죄를 짓게 하거든 그 손이나 발을 찍어버리고
눈이 죄를 짓게 하면 그것을 빼어버려라.

성한 몸으로 지옥에 가는 것보다 불구자로 영원한 생명에 들어가는
편이 낫다.

지옥에서는 그들을 파먹는 구더기도 죽지 않고
불도 꺼지지 않는다."

"하늘나라는 밭에 묻혀있는 보물에 비길 수 있다.
그 보물을 찾아낸 사람은 그것을 다시 묻어두고 기뻐하며
돌아가서 있는 것을 다 팔아 그 밭을 산다."

임종을 지켜볼 때마다 기도하며
주님의 말씀 깊이 새겨본다

요양병원 호스피스 닥터 생활 9년째
나이 들수록 눈은 어두워도
주님 모습 더욱 밝아온다

그동안 눈이 있어도 보지 못하고
귀가 있어도 듣지도 깨닫지도 못했다

이 신비의 세계는 맘속으로 느낄 뿐
그 변모를 뭐라 설명할 수 없다
신앙의 신비는 주님의 은총이지 싶다
갑자기 정포은 단심가(丹心歌)* 떠오른다

"이몸이 죽고 죽어 일백 번 고쳐 죽어
백골이 흙먼지 되어 넋이야 있건 없건
님 향한 일편단심 변할 리 있으랴!"

*『무엇하는 사람들인가』 박도식 신부 저, 문답식으로 된 가톨릭 교리서.
*포은 정몽주 시, 한자 원문 생략.

〈환청〉 지금 행복하라

‘오늘 지금이 네 인생의
절정이라고 생각하라

팔순을 넘긴 너
앞으로 얼마 남지 않았다

봄비에 반짝이는 송취어린 노송 가지에서
짝지어 놀다가 공중제비 즐기는 까치처럼

재주껏 높이높이 날아서
최상의 기쁨 만끽하라

계속해서 즐겨라 지금 행복하게
또한 새로운 춤사위를 해보라

내일은 확실치 않다
오늘보다 더 좋은 날은 없다, 이것아!’

나무의 서방

1.
숲에 실바람이 부는가 했더니
아카시아 잎새 금세 알고
파르르 떨고 마중한다

바람이 더 세지니
둘은 하나 되어 희희낙락
파란 하늘에 반짝이네

발 없어 평생 붙박인 나무 팔자 외로워 보였는데
오늘은 하늘 높이 나뭇가지 손들어 춤추고

쉼 없이 바람과 함께 흔들리는
그대들 가시버시가
나보다 행복하구나

바람이 나무의 서방이라
넌지시 불어오면 활짝 웃는 잎새가
평소엔 뵈지 않는 짝인 것을 이제야 알았네

2.
살랑이는 봄바람에
춤추는 나무들아

뭐가 그리 즐거워
윈종일 잎새 하얗게 웃느냐

너희는 바람 서방이 그토록 좋으냐
얼마 아니면 아카시아 꽃 피겠구나

아아 그럼 그렇지
바람 따라 향내 맡고

동네방네 벌 나비 다 모여
탐화봉접(探花蜂蝶) 잔치 벌이겠구나

독서상우(讀書尙友)*

틈날 때마다 책을 읽는 재미는
지하수처럼 솔솔 솟는다

한가한 시간에 유유자적하기는
이보다 더 좋은 방법이 있을까

가벼운 재미로 읽기 시작하여
며칠간 여행 후 얻은 지혜와 성찰로

마음속 허접쓰레기를 치운 듯
새 에너지로 충전된다

그때마다 나름의 새로운 생각이 씨앗으로
메모라는 파종기로 내 글밭에 뿌려진다

읽는 책마다 느낌은 천차만별
깊은 해저나 에베레스트도 오른다

그러다가 가끔 글밭에 나가보면
어느새 싹이 자라서 싱싱한 이파리로 웃고 있다

너무 귀여워 어루만져 격려하고
수시로 퇴고라는 거름을 준다

더 많은 빛으로 열매가 농익어 수확하면
마침내 한 권의 시집이 태어난다

이는 내 인생의 유일한 보람
행장으로 얼마동안 이승에 남으리라

독서 습관은 내 구강 가시 베는 칫솔
생활의 향도이자 동력이지 싶다

*독서상우(讀書尙友) : 책을 읽음으로써 옛 현인과 벗함.[맹자]

〈환청〉 내가 시를 만든 것이 아니다. 시가 나를 만들었다*

시를 써놓고 얼마 후 다시 볼 때마다
마음에 안 들면 더 적합한 말을 고른다

그러다보면 내 마음도 조금씩 자라서
산에 오르는 사람처럼 시야가 넓어진다

시인의 도량도 글과 함께 세월 따라
꾸준히 자라서 자기 바탕대로 성숙해간다

시인은 언어의 줄칼로 부단히 절차탁마(切磋琢磨)
자각성지(自覺聖智)로 자신만의 피리를 만든다

괴테는 어려서부터 부모와 함께 시 속에서 살았고
진실한 것은 오로지 시가 아니면 표현할 수 없다고
자서전 『시와 진실』에서 고백했다

직업은 변호사였지만 늘 시 안에서 인생 드라마를
연출하여 마침내 위대한 시성이 되었다

이제 내 나이 산수 고개
벌 나비처럼 석양이 질 때까지

시화전(詩花田)에서 청유(淸遊)하며
밀어를 모아 타는 저녁놀에 새겨봄이
마지막 석복이지 싶다

시성의 충고 환청으로 들린다
〈노마야, 네 맘속에 침전된 시 소스를
회자(膾炙)에 얹어 인구(人口)에 맛들여 보라〉

*괴테 명언.

〈환청〉 어머님 26주기에 들리는 말씀

'홍재야*,
네 나이 어언 팔순이구나
너무 걱정 말고 살아라

사는 게 너무 힘들면
곧 너를 데리러 가겠다

없어서 달랑달랑 해도 즐겁게 지내라
앞으로 10년은 더 기다릴 테다

그저 건강하고 부지런히 살아라
매사가 귀찮아도 성실히 해내라

특히 어린것들 잘 키워서
가문에 보람 되게 하여라'

생전 어머님 말씀
가슴에 또렷이 여울진다

어머니, 소자 언제 가든지
임종내영(臨終來迎) 꼭 나와 주세요
그럼 다시 뵐 때까지 안녕히 계셔요

2022. 6. 16.

*홍재 : 필자가 어릴 때 선비께서 즐겨 부르던 애칭. 홍은 이름의 첫 자이고 재는 횡재에서 온 자임.

삶의 그림자

죽음은 삶의 그림자
출생부터 따라다님을 몰랐다

의사가 되고부터
죽음은 천적이었다

나는 으레 천하무적을 피하려고
일생을 헤맸다

승부는 이미 나 있는데
메스와 청진기로 무조건 돌파하려 했으나
계궁역진(計窮力盡)이었지

칠순 지나 요양병원에 취업
날마다 임종을 지켜보니

실은 그림자가 주인이고
육신은 그저 순응하는 종이었다

회진 때마다 환청으로 들렸다
'의사 양반, 나 좀 빨리 가게 내버려둬요
제발 안 아프게만 해주시오!'

고래(古來)로 조상들의 죽음은
후손들 출생의 원비(原肥)였다

죽음은 삶의 동반자
한 생애 종점 열반당 번데기

바야흐로 단단한 고치집 벗고
우화등선(羽化登仙)할 찰라

'죽음은 인간의 축복'이라는
성인(소크라테스) 말씀 떠오른다

죽음은 천상 생명으로 태어나는
인생 대단원의 축제란다!

저승열차*

요양병원 숙직실 밤 11시경, 육 층 법당에서
저승열차 역장이라는 분의 말씀이 원내 방송으로 들려왔다.
깨고 보니 꿈이었다.

"본 열차는 생물과 무생물이 함께 타는 만물 열차
산 것은 미생물부터 인간까지 함께 어울려
우주를 여행하는 지구별 열차입니다.

모든 생물은 타고난 몸으로
함께 가면서 동고동락합니다.

여행 중에 다양한 생명체들은 자기
일생이 끝날 때마다

여러 종(種)으로 몸을 바꿔가며
육신의 옷을 갈아입습니다.

옷을 바꾸면 여행하는 동안
기쁨과 고통이 달라지는데

옷의 종류는
전생의 업보에 따라 변합니다.

이승에서 악업이 클수록 열악한 종(種)으로
선업이 클수록 그만큼 좋은 몸을 받는데

옷을 주시는 분은 물론
우주를 주관하는 하느님이십니다.

특히 사람으로 태어나
살아있으면 인생열차에
죽으면 저승열차에 타는데

인생열차는 지극히 짧은 찰라
사람 옷을 입었을 때뿐이며
사람이 죽으면 즉시
저승열차로 갈아탑니다.

전생의 선업과 맹귀부목의 행운으로
49일 안에 다시 사람의 몸을 받으면

다시 중생열차에 동승하지만
전생에 있었던 일은 전혀 기억하지 못하고

마치 전생 여행은 없었던 것처럼
이승의 삶을 시작합니다.

한 번 죽으면 대개는 축생으로 나지만
인도환생 가능성은 적으므로

우주의 이치를 깨달을 수 있는 이 기회는
엄청난 행운이 아닐 수 없습니다.

그러므로 사람은 이승을 사는 동안
최선을 다해서 진리를 깨치고
사람다운 삶을 살아야 합니다.

본 요양병원에 입원한 노약자 여러분은
저승열차로 갈아타기 전
인생열차의 마지막 기회이니

창조주의 뜻대로 육바라밀 행하여
모든 중생이 공생할 수 있도록

사랑을 깨닫고 실천하여
극락왕생 하시길 바랍니다.

저승열차는 고향으로 가는 열차
이승의 삶을 마치고 낳기 전에 있던 곳
영원한 참 자아의 고향으로 갑니다.

저승역에 닿으면 육신은 벗어버리고
영혼만 삼도천을 건너는데

이승에서 하던 버릇이 장애물이 되어
여울목을 통과하는 데 힘이 듭니다.

업이 제일 좋으면 천상이나 인도로
나쁘면 아수라나 축생으로
최악이면 지옥이나 아귀의 나라로 가게 됩니다.

지금은 잠시 지나가는 인생열차
여러분은 얼마 아니면 각자 저승역에 닿을 것입니다."

얼마 후 꿈을 깨고 나서 곰곰이 생각해 보았다.

〈나는 요양병원 의사이니
인생열차를 저승열차로 갈아타는
환승역 역무원이다.

내 인생도 이제 종착역이 가까워졌는데
이 시대를 함께 타고 온 동지들처럼
조만간 저승열차로 환승할 터

부디 호스피스 닥터 잘 해내어
영원한 고향에 닿거든
육신 없는 천상에 태어나고 싶다.

우리 열반당이 운행하는 저승열차는 서른세 칸
모두 침대칸으로 보통 크기다.

한 칸에 여섯 명씩
200분 가까이 모실 수 있다.

대개 팔순 전후 여성 승객으로
만성병으로 고통 받는 어르신들이다.

목적지는 모두 저승역인데
언제 닿을지 본인도 모른다.

어떤 이는 낮에 또는 심야에
저승사자가 오면 내려야한다.

나는 이 열차 역무원 의사
임종이 임박하면 보호자에게 알린다.

호흡이 멎은 후 심장도 멈추면
동공을 확인하고 사망을 선언한다.

나는 뵈지 않는 사자님께
고인의 명복을 빌면서
주검을 유족께 맡긴다.

사자가 데려간 망자의 영혼은
대왕님 뜻대로 저승길 간다는데

고인은 이승의 업보대로
사후의 길을 찾아간다.

우리 요양병원 열차는 오늘도
중생을 싣고 저승으로 달린다.

저승역 하차 승객들은
어디로 어떻게 가는지 아무도 모른다.
나도 내려 본 경험이 없어 알 수 없다.

나 자신도 언젠가는 내려야한다.
그러나 나는 천주님 백성이니

파란 풀밭이 있는 시냇가
영원한 천주님 집에 들고 싶다.〉

*여기서 열차는 제한된 시공간 속에서 살아가는 모든 생물의 생존 환경을 뜻하는 비유다.

내가 사는 보람

직장에서 일할 때는
하고픈 일이 생각나서

그토록 애타게
자유 시간을 그리다가

막상 그때가 오면
바라던 것은 어디론가 사라지고

엉뚱한 오락 찾아 헤매다가
아까운 세월만 가고 말았다

행운유수로 가버린 일생
이제 무슨 자유를 바라랴

희수 지나 어언 산순데
미순들 별일 있을까

어쩌다 시 한 구절 떠오르면
남겨 두었다가

훗날 음미하고 다듬어 보는 게
내가 더 사는 보람이지 싶다

마음의 보약

마음을 너그러이 위로하고
재충전은 해학이 제일이다

일하다 들리는 구수한 농담은
어느 순간 긴장을 날려버리고
동료를 매료한다

아우슈비츠 감옥에서 살아남은
심리학자 빅터 프랭클은 그의 저서
『죽음의 수용소』에서

"모든 수감자들은 생사의 공포와 전율을
동료 수감자들의 유머로 버텼다."고 썼다

취미 운동 음주 대화 수다 등
친화성 기름은 많지만

언제 어디서나 가장 손쉽게
꺼내 쓸 수 있는 것은 농이다

한마디 조크는 때와 장소 연령을 떠나
우리 마음을 포근히 감싸준다

방랑시인 김삿갓은 온갖 천대와 수모를
자신의 시 속에 특유의 해학과 풍자로 설욕하면서
정처 없는 발길을 재촉할 수 있었다

노리는 심신이 아프고 의기소침하여
그만큼 익살꾼이 절실하다

일소일소(一笑一少)
일노일노(一怒一老)라는 말처럼

십여 년 전 산행 친구들과 정상에 올라
휴식 중 포복절도 하던 때가 그립다

〈환청 〉 인호(印號)

‘사람은 태어나자마자 출생신고만으로
사회 평생 대학원에 거저 입학한다

과목이나 교수는 없어도 캠퍼스는 지구 전체다
뭐든지 다 배우는 개방 대학원
교수는 가족 친구 이웃 책 컴퓨터 등 뭐든 다다

공부는 잘해도 포상이 없고 못해도 낙제는 없다
일생을 다 살고 죽으면 졸업성적은
평생 해온 행업대로 삼성업(三性業)*이다

임종 후 저승 입구에 있는 양심 거울인
업경대에 인생 성적표가 게시된다

살아온 업대로 삼도천(三途川)*을 건너는데
악업은 그만큼 힘든 내를 건너야한다

〈이제 너도 인생 졸업이 가까운데
업경대가 두렵지 않느냐?〉

〈과연 내 인생 성적표는 어찌 나올까
삼도천을 건너갈 수 있을까〉

아아, 이럴 수가!
궁하면 통한다더니 하늘길이 열렸다
삼도천 위로 무지개다리가 보인다

그때 천둥소리 들렸다
〈루카야, 걱정하지 마라
너는 영세 때 하느님 백성 표징인 인호*가 네
이마에 박혔으니 삼도천은 건널 필요 없다!〉'

*삼성업(三性業) : 선업(善業) 악업(惡業) 무기업(無記業)을 통틀어 이르는 말로 행업(行業)의 내용이 선인가 악인가에 따라 나눈 것이다. 무기업은 선업이나 악업에 속하지 않는 어떤 과보도 받지 않는 업을 말한다.
*삼도천(三途川) : 삼도내. 사람이 죽어서 저승으로 가는 도중에 있는 큰 내로서 극악(極惡)하지도 극선(極善)하지도 않은 사람이 건너게 되는데, 생전에 지은 업에 따라 세 가지 다른 여울이 정해진다.
*인호(印號) : 영세 견진 신품 따위의 성사로 받은 보이지 않는 표징.

〈환청〉 '세 살 버릇 저승까지 간다'

'노마야, 인생은
자업자득(自業自得) 자승자박(自繩自縛)이다

무슨 일을 하든 네 가슴에 머무는
착한 마음이 쌓여서 언젠가는 말이 되고

그 말들이 모여서 행동으로 보이다가
행동이 자자하면 습관이 된다

'선한 사람은 마음의 선한 곳간에서 선한 것을 내놓고
악한 자는 마음의 악한 곳간에서 악한 것을 내놓는다.
마음에서 넘치는 것을 입으로 말하는 법이다.'[루카7:75]

이승의 습관은 네 운명이 되나니
일생 동안 쌓인 습관이 그대로 네 영혼에 배어
저승에 가서도 그대로 길잡이가 된다

모든 것이 네 탓이니
선업이면 복락을 가져오고
악업이면 자작지얼(自作之孽)이 따른다

너는 지구별 인간 미생물
저승에서 네 영혼이 천상 영계에 오를 때

거기서도 이승 버릇대로
마중 나온 안내 영을 따라서

너와 같은 무리 속으로 들어가
천상 생명으로 영원히 살리라'

*영계 : 천국계 – 상계 중계 하계, 지옥계 – 상계 중계 하계.

둔필승총(鈍筆勝總)

‘서툰 기록도
총명한 기억보다 낫다’

아무리 머리가 좋아도
부지런함만 못하고

아무리 부지런해도
깨달음만 못하다는 말처럼

어릴 적엔 살려고 부지런히 배웠으나
팔순인 지금은 깨치려고 배운다

그동안 깨친 것을 서툴게
기록해 둔 것이 내 시

그러므로 둔필승총이
내 시의 출발선이다

그런데 언제쯤
결승선에 이를 수 있을까

〈환청〉 '셈평*을 버려라'

'노마야,
산수령에 오른 너
이제 셈평을 버리고 살아라

평생 감옥에서 살았으니
이제는 거기서 나와 수도원으로 가라
맘만 먹으면 쉽다

모든 불만을 감사하는 맘으로 바꾸면
감옥이 수도원이 되어

짜증나는 직장도
신나는 일터가 된다

노마야,
이제 네 여생도 석양이다

으레 감사하는 맘으로
이웃에 더 친절하라, 이것아'

*셈평 : 이익을 따져보는 생각.

마음이라도

윌리엄 S. 클라크의 명언
"소년이여 야망을 가져라"는
중학생이 된 내 가슴도 뛰게 했다

장래 어른이 되면 막연히
큰 인물이 되고 싶었다

의대를 졸업, 군 제대 후 전문의가 되니
어언 불혹이 가까워 많은 수술 경험을 쌓으려고
불철주야, 베스트 서전을 꿈꾸었다

그러나 늘 직장 동료들과 어울리다 보니
수시로 음주하는 습관이 생겼다

50대 중반, 만성 피로와 수술 스트레스로
강박 신경증이 수전증까지 나타날 무렵
우연히 『논어』를 읽다가 좋은 충고를 발견했다

"지혜로운 사람은 미혹되지 않고[지자불혹(智者不惑)]
어진 사람은 걱정하지 않으며[인자불우(仁者不憂)]
용감한 사람은 두려워하지 않는다[용자불구(勇者不懼)]"

새겨보니 내겐 매우 적합한 말씀이다 싶었다
이렇게 신경증을 극복하기 위해서는 독서가 유익하고
손쉬운 방법이라 미루어 생각했다

어언 환갑을 지나 수술도 줄고 긴장이 풀리니
손떨림도 서서히 호전되었다

그러다가 언젠가 도연명의 시
'세월은 사람을 기다리지 않는다'는 말에
내 그릇은 이제 한계라고 느껴졌다

행운유수로 덧없이 흐른 세월
이제 종심을 지나 희수 가까운데

여전히 나는 철부지
큰사람은커녕 마음이라도 잘 벼리어

그저 성내지 말고 감사하며
매사에 그러려니 하고
두루춘풍으로 살리라 했다

검버섯 주름진 얼굴이 날로 더하는데
늘 밝은 미소로 사는 것이
최선의 노인 미용법이 아닌가!

이젠 힘도 용기도 모두 인생의 석양
마음이라도 너른 사람이 되고 싶다

시 쓰기 좋은 나이

지나온 길 회고하니
흐린 날 가시밭길 떠오른다

어언 내 나이 희수
내 인생도 석양

그동안 불안 구름으로 가려
갠 하늘 모르고 살았지

이제 먹구름 소나기 다 지나고
잠시 푸른 하늘 보인다

영세한 지도 사십 성상
서서히 타오르는 낙조

지금이 가장 좋은 저녁놀이다
안심입명 마루로 나아가 즐기자

천상에 오를 그날까지
나의 목자 찬미 노래 부르자

시간의 바퀴 아래

황금빛 은행잎이
검은 아스팔트 위로 한 잎씩 쌓인다

어언 늦가을 올해도 다 가고,
내 나이도 한 해를 보탠다

하늘 높은 곳에서는
한 해가 순간인데 땅에서는365일

빛은 너무 빨라 지극히 짧은 시간을
인간은 긴 세월로 늘려 늙어간다

시간의 바퀴는 어김없이 계절을 알려주고
지구별은 조금도 오차 없이 운행을 계속하고

시간의 바퀴 아래
나는 눈먼 당랑(螳螂)이구나

내 인생 모자이크

사랑하기보다
미워하기가 쉽고

사랑하지 않기보다
미워하지 않기가 더 어렵구나

내 맘속엔 사랑보다
미움이 많아서일까

사랑과 미움은
인생의 날줄과 씨줄

날줄이 아무리 좋아도
씨줄이 없으면 삶의 피륙을 짤 수 없는 것

인생은 삼성업(三性業)*과
성(聖)과 속(俗)이 어우러진 모자이크

내 행장은 온갖 것으로 점철된
너무나 추하고 초라한 모자이크

* 삼성업(三性業) : 선업(善業), 악업(惡業), 무기업(無記業). 여기서 무기업은 선업이나 악업에 속하지 않으며 선악의 어떠한 과보도 받지 않는 업을 이른다.

제3부

영혼의 사다리

영혼의 사다리

내 맘은 늘 파란 하늘에 있다
멀리 흰 구름 겹겹이 둘러싼
중심은 무지개로 단장한 우주 구중심처

해와 달 별로 가든 추리 장식하고
우레와 번개 벼락으로 불꽃놀이 하다가
미리내에 멱 감고 은하수 넥타 마시는 천국

내 영혼은 시 사다리 타고
말씀의 가로등 빛 따라 오른다
가노라면 구경 거기에 이를 것

이제 시는 내 영혼이 밟는 실버계단
하늘에 계시는 아버지 뵐 때까지
육신은 죽어도 영혼은 가리라

푸른 하늘 흰 구름 꽃 피는 나라
천상을 향한 내 시는 영혼의 사다리
오늘도 한 구절씩 각성의 계단 오른다

〈환청〉 '생명의 꽃을 피워라'

'생명의 꽃은 사랑이다
시들기 전에 만발하라

인생은 아침 이슬 같은 것
불철주야 광합성 하라

늙어 고목되기 전에 꽃피워
사랑 향기는 하늘로 오르고

열매는 지상으로 퍼져
겨자씨 되어라

〈환청〉 조문도(朝聞道)*

아침 출근길에 들리는 말씀
〈사람은 언젠가 죽는다
너는 희수니 얼마 남지 않았구나
하루를 두 번 살 수 없으니 열심히 살아라
사람이 천 번은 죽어봐야 견성할 수 있단다
오늘 하루를 온전히 살고 밤에는 죽은 듯이 잠들었다가
내일은 새롭게 태어나길 천 번만 계속하라
사후생은 영생이니 이승보다 저승을 생각하고
명부에서 님 뵐 때 한 점 부끄럼 없게 하라
오늘을 네 생애 전성기로 알고
완덕을 실현하면 저녁에 죽어도 된다〉

*朝聞道夕死可矣 조문도석사가의 : 『논어』 아침에 천하(天下)가 올바른 정도(正道)로 행(行)해지고 있다는 말을 들으면 저녁에 죽어도 좋다는 뜻으로, 사람이 참된 이치(理致)를 깨달으면 당장 죽어도 한(恨)이 없다는 뜻으로 쓰이며, 짧은 인생을 값있게 살아야 한다는 의미.

명견(明見) [복음(福音)] 만리(萬里)*

빈약한 더듬이로 길을 찾아
헤매는 인간 개미들

먼 훗날 천지개벽으로
지구별 종말이 올 때

인류는 어떤 모습으로
이 행성을 떠돌까?

광막한 우주에서 여전히
들려오는 복음 우렛소리

"모든 인간은 풀과 같고
인간의 영광은 풀꽃과 같다.

풀은 마르고 꽃은 시들지만
주님의 말씀은 영원히 살아있다."[베드로1:24]

"그때가 되면 해와 달과 별에
징조가 나타날 것이다.

지상에서는 사납게 날뛰는 바다 물결에 놀라
모든 민족이 불안에 떨 것이며

사람들은 세상에 닥쳐올 무서운 일을 내다보며
공포에 떨다가 기절하고 말 것이다.
모든 천체가 흔들릴 것이기 때문이다.

그러나 그때 사람들은 사람의 아들이 구름을 타고
권능을 떨치며 영광에 싸여 오는 것을 볼 것이다.

이러한 일들이 일어나기 시작하거든
몸을 일으켜 머리를 들어라.
너희가 구원받을 때가 가까이 온 것이다."[루카21:25]

지구상의 시간이 끝나는 곳에서
기쁜 소식 들릴 것이다

이 복음을 전하는 것이
내 사는 동안 선포할 케리그마다

*명견만리(明見萬里) : 만 리 앞을 내다본다는 뜻으로, 관찰력이나 판단력이 매우 정확하고 뛰어남을 이르는 말. 여기서는 세상 종말에 대한 예언이 복음대로 올 것이라는 뜻이다.

열반의 시

아득한 옛날
중력이 처음 생길 때

우주의 중심은 죽음 같은
열반의 상태였다

그 안에 시혼이 자리 잡고
오랜 세월이 지나 마침내

옹알이가 시작되어
서서히 말이 되었다

더 많은 세월이 흐른 뒤
예언된 분이 오시어 비로소
말씀이 완성되었다

이제 내 시는
말씀의 열반을 공전하면서

나만의 한없는 옹알이로
자전을 꿈꾸고 있다

노당익장(老當益壯)

사람으로 태어난 선업을 이뤄 주신
부모님 은혜도 모른 채

얼마나 시간을 허투루 살았던가
시간의 그물에 갇힌 가두리 인생인 것을

고희 지나더니 어언 희수
아침 눈 뜨면 하루만큼 더 무거워진 몸

침상을 내려오며 다짐해본다
〈오늘도 사의(四宜)* 챙기고 열심히 살자〉

'노익장'은 기력이 떨어져도
기죽지 말고 살라는 격려겠지

*사의 : 사(思)–생각은 맑고 깨끗이, 모(貌)–용모는 단정히, 언(言)–말은 적게, 동(動)–거동은 신중히. 정약용의 사의재(四宜齋)에서 인용.

하와 할머니 세상

지난 세기말 언젠가
여권운동이 한창일 때
어머니 말씀이 생각난다

"우리는 모두
아담 선조의 늑골에서 나온
하와 할머니 자손이다

아득한 옛날 창세기
할머니께서 선악과로 할아버지를 유혹한 죄벌로
여성은 임신 분만의 고통을 받아왔다

그런데 태아는 모체와 한 몸으로
엄마 뱃속에서 열 달간 자라다가 태어나니
혈통은 우선 모계가 확실하지 않느냐

오늘날 인공수정이나 시험관 아기 아빠는
실은 양부거나 어떤 슈퍼맨일 수 있겠지

아빠보다 엄마가 늘 함께하니
아기의 명운은 엄마 손에 달렸고

또한 법적으로 호주 가장은 물론
아기의 성도 엄마를 따를 수 있다

모태는 생명과 평화의 에덴동산
모성이 인류생존의 원동력이다

그동안 여성이 받은 고통이
전화위복으로 바뀌어
마침내 하와 할머니 세상이다

오로지 주님의 공로로 말미암아
그토록 무서운 하느님의 불칼이 식어서

영원히 사는 생명나무로 가는 길
동쪽으로 난 에덴 문이 열렸구나

이제 드디어 우리 사회는
남녀 차별 없는 진정한 평등 세상
하와 할머니 세상이 되었구나”

임종내영(臨終來迎)

1991. 6. 16.
일요일 아침 5시경
83세로 세상을 뜨신 어머니

당신 가신 지 29년
어머니 안 계시는 이승은
기쁨도 영광도 없어졌어요

왠지 그때부터
어머니 계시는 저승이
고향처럼 느껴져요

어언 소자도 희수가 지나
머지않아 고향에 가면
어머니께서 마중 나오시리라 믿어요

사람이 죽으면 으레 먼저 가신 어머니가
마중 나온다는 말을 듣고(E. 큐블러 로스)
그때부터 은근히 임종내영을 기다리게 됐어요

소자 죽어 당신 뵈오면
어릴 적 외가에 가듯
어머니 치마 잡고 따라 갈래요

저 흰 구름 타고
쪽빛 하늘로 한없이 떠올라
머나먼 고향에 갈래요

어머니,
오늘도 칠순 지난 철부지는 당신 생각에
임종내영 그리면 가슴 설렙니다

야생화 타령

우리 동네 매봉산 산책길 어디나
스스로 자라서 피는 야생화

갠 날 흐린 날 가리지 않고
늘 해맑은 미소와 향기

좋다 그냥 좋다
야생이라 더 좋다

화려한 것은 볼품이 고우나
소박한 꽃은 향내가 진하다

응달에 고개 숙인 달개비 강아지풀
바람타고 스미는 적자색 칡꽃 향기

엉뚱한 곳에 핀 나팔꽃 민들레 자리공
무수히 피어난 개망초 부들 수크령 다 곱다

봄부터 겨울까지 철따라
어김없이 피고 지는 꽃시계

꽃잎마다 형형색색 고운 화관
실바람에 벙긋 웃는 모습

자세히 보면 고혹(蠱惑)적이고
냄새는 맡을수록 아로마다

기화요초(琪花瑤草) 따로 없네
꽃 중에 군자 신선 어디 있으랴

꽃밭은 대지의 하모니
꽃말은 생명의 합창

코스모스에 물으니
자기 고향은 우주란다

해바라기는 해님
달맞이꽃은 달님

꽃마다 자기 고향
별빛 닮았단다

내 시도 야생화
고향은 하늘나라

파아란 하늘 엄마 별자리
미리내 흐르는 곳이다

작은 앨범

무료할 때 펴보는
핸드폰 앨범

돌아가신 부모님과 어린 손주까지
언제나 그리운 가족

세월이 갈수록 새로운 부모님 모습
깊은 주름 속에 밴 사랑 묻어난다

할아비 목마 타고 춤추는 손주가
웃음꽃 피우는 천사구나

인생은 백구과극 일장춘몽
어언 내 나이 희수 지났구나

가족은 영원한 사랑의 화수분
앨범은 사랑의 충전 타임머신

〈환청〉 빛으로 살아라

루카야,
네가 살 날도 얼마 남지 않았다

나이 탓하지 말고 살아 있는 그 날까지
아침마다 몸이 찌뿌듯해도 제 시간에 일어나라

영원히 살 것처럼 일하고
내일 죽을 것처럼 기도하라

하루 종일 환우들을 잘 돌봐라
때로는 모욕을 당해도 참아라

무식한 꼴통으로 고집이 센 사람도
네 가족으로 생각하고 잘 해줘라

정성과 사랑으로 인내심을 불살라
영혼의 빛으로 살다 가라

아침에 출근하면 사의(四宜)* 떠올리고
노익장을 기억하라

*사의 : 마땅히 지켜야할 네 가지. 곧 사모언동(思貌言動)(생각은 바르게, 외모는 단정히, 말은 과묵히, 행동은 침착하게). 정약용 선생의 사의재(四宜齋)에서 인용.

〈환청〉 저승 문전에서 들리는 아우성

요양 병원 중환자실
못 죽어 사는 어르신들

온갖 육신의 고통으로
몸져누워 감각마저 마비된 몸

삶이 죽음만 못하고
앓느니 죽고픈 분들이다

하루 더 살아도 그만
하루 먼저 가도 그만

숨 쉬고 먹고 싸고
잠자는 것이 사는 것인가

식구들은 다 어디 가고
혼자 멀리 산골짝에 떨어져

생면부지 병원에 의탁한 몸
저승길 어딘지 알 수 없다

물도 못 마시면 죽는다는데
코에 호스 넣어 살아 있으니
참으로 신기하고 희한하다

뇌졸중으로 말 못해도
콧줄로 먹고 입으로 숨 쉬니
산 것인가 죽은 것인가!

목숨이 시간의 톱니에 끼어
잠시도 쉬지 않고 돌아가는
요양병원 집중치료실 저승 문전

노후보장만 준비하고 살았는데
이제 와 사후보장이 웬 말인가

안락사는 안 되고 존엄사는 어디 갔나
살 권리는 있는데 죽을 자유는 왜 없나?

인간으로 태어나 고종명은 못 해도
자식들 너무 힘든데 하루 빨리 가야지

나는 치유 불가능 말기환자
제발 나 좀 죽게 내버려 두오

무의미한 연명의료 중단하고
최소한의 품위로 사람답게
죽고 싶다 이 말이오, 할!〉

〈환청〉 금혼식을 앞둔 노마야

〈금혼식을 앞둔 노마야,

결혼 후 네 부부가 걸어온 길은
낙원이거나 나락이었지

너도 처음엔 금실 좋게 살 것 같았지만
늘 함께 지내다보니 엉뚱한 길로 가더라

세월 따라 성애로 가렸던 민낯이 뵈더라
주색잡기 흡연 폭언 폭력 등 악습이 점차 드러났지

그동안 긴 세월 갈림길이 많았지만
분기점마다 이정표가 도와준 것을 아느냐?

이정표엔 네 부모님의 간절한 의방지훈이 빛났다
인내 용서 화해 배려 절장보단 가화만사성…

그러나 너는 한때 인도에서 벗어나 방황하다가
돌아온 적도 있었다, 바로 주폭(酒暴)이었지

더 갔으면 파경을 맞아
천길만길 나락으로 떨어졌으리라

지나온 길은 되돌릴 수 없는 것이 인생
엎지른 물은 다시 담을 수 없고
깨진 거울은 복구할 수 없다

노마야, 네가 대학생 때 그토록 열망했던
녹슬지 않을 순금의 시는 어찌 되었느냐?
인생이란 그런 것, 허무할 뿐이지

네가 열 배로 노력한다고 어떻게 준마가 될 수 있겠느냐?
그래도 시가 말년의 동반자라니 노리 석복으로 알라

결혼 후 어언 반백 년이 지났다
이제 시간이 없다, 사금 가루라도 모아라

곧 저승으로 가는 부부의 갈림길이 나올 터니
네 자신을 위한 만가를 미리 준비하라
큰 개울을 건너야 하니까〉

나는 외롭지 않아

그대가 늘 함께 있어
나는 외롭지 않아

아침마다 눈 뜨면 그대 나타나
오늘 하루 잘 해보자고 소곤댄다

첫새벽 산책길 평단지기*로 숨쉬며
그대 하늘 아래 삼라만상 파노라마로 보여준다

하늘은 아직 새벽 별 반짝이고
밤새 호수 얼음 위 소복이 내린 눈
은행나무 위에서 지저귀는 까마귀

먹이 찾아 내 앞을 달리는 들고양이
긴 겨울잠에 빠진 초목들

그대는 내 수어지교
천생 영혼의 친구

날마다 육신은 기울어도
더 고운 꿈으로 부푸는 그대

새 날을 맞아도 힘들지 않네
그대가 옆에 있으니

내 종신 반려자 시혼
언제나 글밭으로 이끄는 향도여

*평단지기(平旦之氣) : 새벽의 기운이라는 뜻으로 새벽의 아직 다른 사물과 접촉하기 전의 맑은 정신을 이르는 말.

〈시참(詩讖)〉 꿈에 뵌 어머님 말씀

횡재*야, 네 나이도 어언 팔순이구나
너무 오래 살려고 하지마라

어차피 갈 건데 조금 빨리 가는 것이
고생 덜하고 추하지도 않더라

아침마다 눈뜨면 온몸이 찌뿌둣해도
오늘은 내일보다 낫다 생각해라

목숨은 시한부니 끝까지 고통을 견디고
열심히 베풀다가 저승에서 만나자

얼마 안 남은 인생길 힘껏 달려라
네가 임종하는 날 마중 나가마

그러나 지금은 안 된다
대장암으로 고생하는 네 아내
지극정성으로 꼭 살려내라

너보다 다섯 살이나 아래인 네 처에게
집안 일 다 맡기고 오너라

저승은 이승보다 살기 좋은 곳이다
[아버지 집은 있을 곳이 많다]고 했다

횡재야, 늘 기억해라
[하늘의 너희 아버지께서 완전하신 것처럼
너희도 완전한 사람이 되어야 한다.]

* 횡재 : 어릴 적 어머니께서 즐겨 부르시던 필자 애칭. 나는 7남매 중 여섯째. 차남으로 바라지도 않은 아들로 태어나니 거저 얻은 재물이라는 뜻으로 그리 부르셨는데 지금 같으면 햇빛도 못 보았을 것이다.

〈환청〉 '너는 삼류다'

"〈공자 왈
제 일류는 태어날 때부터 아는 사람으로 최상급이고
제 이류는 배워서 아는 사람이고
제 삼류는 곤란해진 뒤에 배우는 사람이고
제 사류는 곤란해진 뒤에도 배우지 않는 사람으로 최하급이다.〉

노마야, 너는 삼류와 사류 사이에서 헤매다가 일생이 다 갔구나
이제 여생이 얼마 안 남았으니
지금이라도 곤란해지기 전에 미리
죽음을 준비하라 이것아!

어언 네 나이 산수
주님 뵐 날이 가깝다

네 십자가를 메고 힘껏 달려라
길이 험해도 좁은 문으로 들어가라

그리고 날마다 말씀으로 네 영을 닦아
진실로 애린여기(愛隣如己)로 살아라"

〈환청〉 '너는 이승열차 역무원 의사'

'너는 요양병원 호스피스 닥터
지금 이승열차에서 저승 행 열차로
갈아타는 환승역 역무원이다

이승은 매우 작고 오밀조밀하지만
저승은 하늘에 있어 넓고 광막하다

저승은 하늘나라
지구 외곽 구름 위 어디쯤
그곳도 엄연한 공동체 세상

지구인 영들이 사는 세계는
천상은 상계 중계 하계로
지옥도 상계 중계 하계로 나뉜다

너는 저승 입구에서 영들을 배웅하면
그들은 지상에서 살던 습관대로 더듬더듬
저승길을 찾아갈 것이다

영원한 자유를 꿈꾸는 열반당 환우들
죽음의 고통 속에서 정화된 영으로 거듭나
천상 생명으로 태어나길 빌어드려라'

어머님 화단

고향 시골 우리 집 화단
철마다 꽃이 피었다

방학이 되어 내려가면
마당가 화단은 여름꽃이 만발했다

봉선화 채송화 맨드라미 작약 모란 등
화려한 꽃들이 흐드러져 피었다

어머님은 애써 기른 화초를 가리키면서
가뭄이나 장마를 이기고 핀 꽃을 대견해 하셨다

나는 못 보던 꽃이 있으면 유심히 살펴보고
꽃 이름 향기 꽃말도 알아보았다

꽃잎이 화려하면 향기가 적고
웬일인지 볼품이 없으면 향내는 더 진했다

키가 작은 일년생 화초는 맨 앞에
키가 큰 해당화나 호랑가시나무는 뒤쪽 돌담 밑에 있었다

추운 겨울에는 얼지 않도록 볏짚으로 싸서
봄이 올 때까지 잘 보호해주는 것도 일이었다

그러다보니 마을에서 '약방집 화단'으로 유명해져
집 앞을 지나는 사람마다 둘러보고 칭찬을 아끼지 않았다

이제 긴 세월 반백 년 지났으나
내 기억은 엊그제 같다

부모님 모두 저승에 가시고
내 나이 어언 산수를 바라보니

어디를 가든 잘 가꿔진 꽃밭을 보면
어머님 화단이 떠오른다

언젠가부터 내 마음의 시단은
잘 조화된 어머님 화단을 닮으려 했다

내 가슴에 포근히 피어나는 어머님 꽃밭
언제나 님의 향기 내 맘속에 진동한다

시간의 낫과 시

위대한 시인은
시로 남아서
나를 위로하네

“시간은 젊음과 같이 베풀던 풍요를 앗아가고
그 아름다운 이마에 주름을 잡아버린다

시간의 낫에 베이지 않는 것은
아무것도 없다

그러나 나의 시는
시간의 잔인한 손을 뿌리치고
길이 남아 그대의 업적을 찬양하리라”*

영원하구나
시간의 낫을 비껴간

위대한 시인이여!

*[시간의 낫과 시] – 셰익스피어 소네트.

빙청옥윤(氷淸玉潤)

나는 장인 그대는 사위
얼마나 소중한 인연인가

2007년 우린 성당에서
옹서의 인연이 되었었지

같은 신앙에 도규계 선후배
화두가 많아 소통이 쉬웠네

더욱이 우린 서로 애주가로
식사는 늘 화기애애

장인은 얼음같이 맑고
사위는 구슬같이 윤이 난다는 고사

오늘도 가화만사성 가는 길
가로등 되길 바라며 건배하세

사랑의 향기

눈으로 볼 수 없는 사랑도
꽃처럼 피어나 향기를 낸다

어릴 적 첫 사랑은 묘목에서 핀 꽃으로
향내가 적고 열매도 없다

좋은 사랑의 꽃은 오랜 시간
적당한 햇빛과 거름과 수분을 주고
지극정성 가꾼 보람이다

강한 생명력으로 혹한을 견뎌낸 인동처럼
인생의 시련과 역경은 좋은 밑거름이다

사랑은 순수하고 깊을수록 그 향기는 그윽하고
열매는 튼실하여 모두에게 기쁨을 준다

결혼은 만인 앞에서 약속한 사랑의 꽃씨
아름다운 꽃과 향기는 두 사람의 손에 달렸다

부부사랑은 형편이 힘들수록 공든 탑이 되어
삶의 귀감으로 자식들에게 전해진다

오랜 세월 켜켜이 쌓인 노부부의 사랑은
정신문화 유산으로 후손들에게 전해진다

목숨까지 바친 희생적인 사랑은
인간만이 할 수 있는 사랑의 완성이다

진주 남강 촉석루 암반 위에서는
언제나 논개의 나라사랑 향기가 진동한다

한려수도 어디나 충무공 애국 향기 배어서
우리 겨레 모든 이의 가슴속으로 흐르고 있다

제4부

열반당 번데기의 꿈

빛으로 살리라

얼마 남지 않은 여생
빛으로 살리라

내게 주어진 작은 십자가 메고
팔순 노리 노익장처럼 가리라

시의 심지로 등불 밝혀
사랑의 기름으로 타오르는 빛

열반당 어르신 애린여기로 섬겨
저승길 가로등 되리라

나의 석춘사(惜春詞)

저 산 좀 봐
소뿔처럼 우뚝 솟은 감악산 자락

군데군데 산 벚꽃 하얗게 수놓고
하루가 다르게 짙어가는 연둣빛 신록
어언 사월 하순

실바람에 춤추는 연초록 잎새
푸른 파도 산정으로 휘달려
만산이 눈부시네

철따라 변장하는 금수강산
봄마다 새롭게 단장하는 산림녹화
패션 거장 대자연의 무대구나

올해도 새싹으로 피어나는 산마루
새 옷 갈아입고 짓는 미소 좀 봐

나도 그대 같던 청춘이 엊그젠데
어언 여든 번째 맞는 내 모습

유난히 고혹적인 올해 춘광이
내년엔 어이될까 아쉬워

해마다 봄은 다시 오는데
이제는 망막에 깊이 새길 뿐이구나

열반당 번데기의 꿈

늙어 병든 몸이 말라
고사목 가랑잎이다

뇌졸중으로 반신불수
오랜 와상으로 욕창까지

만신창이 인간 벌레
주름진 육신은 번데기

치매로 인사불성까지
대변을 자기 몸에 바른다

그러나 때가 되면 나방 되어
고치 뚫고 나와 하늘로 오를 것

이승에 사랑 배우러 왔다가
미움만 빚지고 가는 인생

그래도 출생 전에 살던 고향에 가려고
용화*하는 노리*들

마침내 우화(羽化)하여 영은 하늘로
육은 흙으로 돌아갈 것이다

문득 성 바오로의 절규가 떠오른다
불쌍한 영혼의 구원을 위해

환난 재난 매질 옥살이 폭동 속에서도
불철주야 기도와 단식을 일상으로

자신의 케리그마*를 위해 신명을 바친
열혈 순교 성인 바오로!

태초부터 만물은 신의 전령
시간의 오라에 묶인 것

나는 영원을 준비하는
회용* 섶대(臺) 지기
변태를 지켜보는 장의사*

여명을 내게 맡기고 살다가
죽어가는 환우들을 사랑해야지

나는 머나먼 길을 떠나는 인생 원로께
장도(壯途)를 빈다

귀천하면 부디
불멸의 견사*로 지은

평화의 집에서
지복을 누리시길

내 가슴에서 나오는
조용한 음성 들린다

〈우화를 꿈꾸는 열반당 번데기
고치 벗고 자유 찾아

신의 품으로 돌아가리니
고통 없이 죽게 내버려 두오〉

* 용화(蛹化) : 곤충의 애벌레가 번데기가 되는 일.
* 노리(老羸) : 늙어서 쇠약해짐. 또는 그런 사람.
* 케리그마(kerygma) : 하느님의 아들 예수그리스도의 일생. (탄생 죽음 부활 승천 등)을 믿고 회개하면 구원을 받는다는 하느님 일꾼의 선포 또는 그 내용.
* 회용(蛕蛹) : 번데기.
* 장의사(葬醫師) : 여기서는 환자의 주치의로서 사망 선언을 위한 임종 의사를 뜻함.
* 견사(繭絲) : 누에고치에서 켠 실. 비단실, 잠사, 천연 견사 등.

팔순 원단 소감

팔순이라니 꿈만 같구나
세월이 이리 빠른 걸 어쩌랴

‘야훼는 나의 목자 아쉬울 것 없노라

파란 풀밭에 이 몸 뉘어 주시고
고이 쉬라 물가로 이끌어 주시네

내 영혼 싱싱히 생기 돋아
주님 영광 찬미 노래 부르네

야훼는 나의 목자 아쉬울 것 없노라’

내 생애 끝까지 최선 다하면
여한 없이 영원히 살리라

‘죽음의 음산한 골짜기 헤매도
주님 계시면 무서울 것 없네

야훼는 나의 목자 아쉬울 것 없노라'

하느님,
올해도 그저 건강하게
성실히 살겠습니다 도와주소서

〈환청〉 '행복하게 살고 싶으냐?'

'노마야, 행복하게 살고 싶거든
인생의 고통을 배워라

사람은 일생 동안 인생 고해를
건너려고 건조된 배다

파도가 무서워 항구에 정박한 배는 없다
저승 항에 닿을 때까지 항해를 멈출 수 없다

태풍의 파도를 경험하지 못 하면
순풍의 행복을 알지 못 한다

누구나 우환엔 살려고 발버둥치나
안락에 빠지면 죽는 법

인생이 불행한 이유는
행복을 모르기 때문이다

노마야, 이제 네 나이도 산수
노리의 아픔과 고독을 벗 삼아
웬만한 파도는 그러려니 하고 살라

네 가족은 모두 한 배 탄 네 여객
부디 잘 모셔야 편히 쉴 항구에 닿을 것이다'

〈환청〉 '너는 피조물'

"노마야, 이제 얼마 아니면
너는 이승을 떠나 저승으로 가야한다

인간 세상 종말은 반드시 올 터인데
그날이 오면 지축이 흔들리고
하늘에서 별들이 우박처럼 떨어질 것이다

순식간에 세상은 타버리고 어둠에 묻히면
주께서 구름을 타고 권능을 떨치며
빛으로 오실 것이다

그때 모든 영들이 부활하여 최후 심판을 받고
주님 백성은 하늘에 마련된 집으로 갈 것이다

대부분 연옥을 거쳐 천국에 가겠지만
악령들은 지옥으로 보내질 것이다

노마야, 너는 영세 때 이마에 박힌 인호로
육도환생이 면제된 하느님 백성이다
그리스도께 무한히 감사하라!

이제 네 수호천사 어머니로부터 배운 것처럼
애린여기(愛隣如己)로 이웃 사랑 실천하고
과거를 깊이 반구 회개하여 네 영혼을 정화하라

너는 천주께서 당신의 모상대로 창조한 피조물
지구인 70억 중 한 사람이다
주님 뵐 날 가까우니 늘 깨어 있어라”

웰빙과 웰다잉

단명은 인생을 완성하기 어렵고
장수는 말년에 추하기 쉽다

오래 살려고 노력하기보다는
오늘을 잘 살려고 하는 것이 낫고

죽지 않으려고 발버둥치는 것보다
사람답게 죽는 법을 배워야한다

자기의 타고난 체질을 충분히 체득하고
스스로 자기 건강을 잘 관리하면서

자기 이상을 실현하되 안락하고 인간답게
천수를 다 사는 것이 웰빙*이다

언제라도 병이 나면 재빨리 정밀검사를 받아서
중병일 때는 여생이 얼마 남지 않았음을 깨닫고

서둘러 죽음을 완벽하게 준비해야 한다
특히 치매에 걸리기 전에 빠를수록 좋다

〈무의미한 연명의료는 거부한다〉는
사전의료지향서*를 자필로 작성해 두었다가

적당한 기회에 가족이나 법정대리인에게 맡겨
맘 편히 떠날 채비를 해야 한다

모든 서류나 육성 녹음은 정신과 육체가 건강할 때
미리 작성하여 가까이 두고 있다가 더 좋은 생각이
떠오르면 신중히 고칠 수 있어야 한다

여유 있게 준비를 완전히 끝내고 있다가
드디어 마지막 순간이 오면 자기 죽음을 인지하고
병자성사*를 받을 수 있다면 웰다잉*이다

* 웰빙 : 참살이. 육체와 정신의 조화를 통해 행복하고 안락한 삶을 지향하는 삶의 유형 또는 문화 현상.
* 사전의료지향서 : 『한국인의 웰다잉 가이드라인』(한국죽음학회 지음)을 참조할 것.
* 병자성사 : 죽기 전에 받는 고해성사(천주교).
* 웰다잉 : 삶을 정리하고 죽음을 자연스럽게 맞는 행위. 호스피스 완화의료에 관한 법률(웰다잉 법) 시행:2018.2.4.

내 마음의 글밭

20여 년 전 지명의 나이에 일군 글밭 하나
문예지『시세계』로 등단한 시 밭이다

내 글밭은 늘 손에 든 아이패드
일과 중에도 씨를 뿌린다

갑자기 떠오른 영감의 키워드를
잊기 전에 마중물로 심어둔다

그 후 싹이 트면 수시로 펌프질하여
시혼의 호스로 물과 거름을 준다

거름은 가슴속에 침전된 불멸의 성구
말씀의 지하수를 퍼 올린 것이다

질병의 고통과 인생의 고뇌
수술한 피 밭에 뿌린 나무들이다

"고생하며 무거운 짐을 지고 허덕이는 사람들은
다 내게로 오너라. 내가 편히 쉬게 하리라."

글밭은 언제나 내 삶의 뿌리이자 버팀목이었다
텃밭은 연못이고 나는 그 안에 사는 물고기였다

이제 내 나이도 너무 무거워
갈수록 삶이 버거워 육신이 서럽다

어쩌랴, 언젠가는 갈 이승인데
고생 덜하고 떠나는 것이 축복일 것

다만 그동안 가꾼 겨자씨 하나라도 크게 자라서
많은 후생들 깃들이면 얼마나 좋으랴

"하늘나라는 밭에 묻혀 있는 보물에 비길 수 있다.
그 보물을 찾아낸 사람은 그것을 다시 묻어두고
기뻐하며 돌아가서 있는 것을 다 팔아 그 밭을 산다."

"세상 끝 날이 오면 천사들이 나타나
선한 사람들 사이에 끼어 있는
악한 자들을 가려내어 불구덩이에 처넣을 것이다.
그러면 거기서 그들은 가슴을 치며 통곡할 것이다."

내 마음의 글밭은 육신은 가고 없어도
내 영혼의 케리그마로 내내 남아 있으리

수어지교(水魚之交)

어려서부터 불혹의 나이 될 때까지
내 삶은 터널처럼 어둡고 음산했다

지천명 지나 우연히 시 맛을 알고
가까이 지내다 보니 물에 사는 고기처럼 되었다

푸른 물 깊이 잠길수록 점입가경이니
이제는 그 속에서 탐닉하다 세월 잊고

밝고 따사로운 마음 넉넉하여
안심입명으로 가는 등불인가 싶다

바른손 문명

사람은 대부분(90%)
오른손잡이로 태어난다

교통 신호체계도 우회전 우선이고
좌회전은 더디고 시간이 걸린다

인류 문명은 시계처럼
우회전으로 발전했고
좌회전하면 으레 파괴되어 퇴보했다

자연현상인 토네이도나 태풍도 신기하게
좌회전으로 무서운 파괴력을 보인다

불교의 상징인 만(卍)은 우회전이고
나치 로고는 반대로 돌더니 곧 망했다

언젠가부터 오른손은 옳고 바르니
(올)바른 손으로 불리게 되었다

사람의 뇌는 수백만 년 동안
오른손잡이로 진화해왔다

좌완투수가 유리한 이유는
타자 대부분이 우완이기 때문이다

지난 세기 왼짝이가 휘두른 낫과 망치로
많은 사람들이 죄 없이 죽어갔다

십 퍼센트 왼잡이들이 공산 독주를 마시고 도취
광기로 세상을 피바다로 물들였다

불행히도 공산 광풍이 한반도를 휩쓸 때
함경도 왼짝이들이 주동이 되어
시베리아 바람타고 남침

단군 이래 최악의 동족상잔으로
무궁화동산은 선혈이 낭자했다

결국 왼짝이는 패륜 학살 만행 독재로
한 세기를 못 넘기고 자멸했다

아직도 우리 근역 금수강산은
반동 간나들 공산주로 폭음 숙취 상태다

원래 인구 십 프로는 사우스포
이제 모두 원위치 반구 각성할 때

핸들은 좌우 양손으로 잡아야
좌충우돌을 막을 수 있어
하나뿐인 몸통이 안전하다

인류는 여전히 바른손으로 진화하고
미래도 영원히 그럴 것이다

영혼과 사랑 그리고 지혜

신생아 영혼은
반딧불처럼 아주 희미하다

그러나 몸이 조금씩 크면서
영혼도 자라 점차 밝아진다

육신의 양식은 음식이고
영혼의 양식은 사랑이다

보통 사람은 어른이 되면
육신과 영혼은 다 자라서 멈추나

어떤 사람은 육신은 늙어도
영혼은 더 원숙해져 위대한 사람이 된다

보통 사람의 영혼이 촛불이라면
고귀한 사람의 것은 횃불이나
조명탄처럼 밝아서 한 시대를 비춘다

성현은 항성처럼 빛나
영원히 지구를 비춘다

지혜 때문이다
지혜는 영혼의 아버지다

지혜는 하느님의 뜻으로
자연과 인간은 물론 우주의 이치다

평생 동안 축적한 지혜가
별처럼 불어나면 큰 빛을 낸다

사랑은 그림자처럼
지혜와 함께 자란다

지혜의 밭을 열심히 경작하면
그만큼 영혼도 자라서 밝게 빛난다

사랑은 영혼의 어머니고
지혜는 아버지다

지혜의 근원은 하느님이고
천지창조의 원리다

하느님을 사랑하고 경외하는 것이
지혜의 시작이고 완성이다

하느님의 아들 그리스도의 말씀을
지키고 따르는 것이 바로 지혜다

〈나는 길이요 진리요 생명이다.
나를 거치지 않고서는 아무도 아버지께 갈 수 없다.〉

인간 벌레

태어날 때는 금지옥엽
어린이는 엽자금 동자삼

청장년 되어 일장춘몽 중에
덧없는 세월만 흘러가고

어언 몸은 고사목 되어
주름과 검버섯 핀다

어느 날 갑자기 숨차고 어지러워 누우면
죽음이 임박하니 인간 벌레라

한평생 뽑은 실로 고치 집 지어
훗날 나방으로 부화하여

영원한 자유 찾아 승천하면
천상에 다시 태어나 하느님을 뵈리라

하늘과 나의 시

요양병원 중환자실
생사의 기로에서 헤매는 인생 노장의 주름살
고단했던 과거가 떠올라 하늘을 우러러 빈다

〈부질없는 중생들
양과 염소로 나누지 마시고
그냥 받아주소서〉

내 삶도 늘 어둡고 음산한 터널이었지
터널 밖 파란 하늘 흰 구름 그리며
시를 띄워 보내는 것이 유일한 위로였다

인생을 다 살고 나서 늘그막에
시 한 구절 쓴다는 릴케의 말이 새롭다

나는 무시로 시를 찾아 떠도는 나그네
오늘도 행여나 한 구절 나올까
글밭에 가락을 심는다

언젠가는 인생의 고통과 연민으로 자란
시 향기 구름타고 하늘로 오르리

내 삶의 터널이 끝나는 날
순금의 시혼이 안내하리라
흰 구름 속 천상생명의 나라로

인생 끝내기

바둑은 보통 종반전에
끝내기가 시작된다

인생도 환갑이 지나면
말년에 접어든 종반이다

초중반에 불계승도 있지만
승부는 역시 종반전, 끝내기가 관건이다

치열한 전투에서 버린 돌은 인생의 업보
판이 끝나고 계가할 때 반드시 제한다

따라서 사석(捨石)이 너무 많으면 결과는 허망할 것
때로는 반 집으로 승부가 갈릴 수 있으니까

그런데 끝내기는 선수를 잡고
우선 제일 큰 집부터 리드해야 한다

인생의 가장 큰 끝내기는 은퇴
평생 몸담았던 직장을 떠남은 큰 전환점이다

그러므로 은퇴를 앞당겨 마무리하고
재취업의 길을 택하는 것도 선수 끝내기다

또한 그동안 제일 하고 싶은 일을 해보는 것도
큰 끝내기가 될 수 있다

그러다가 마지막 끝내기는 죽음의 준비
웰다잉을 위하여 유산 상속을 비롯해서
장례 절차 방법 등 꼭 챙겨야할 것들이 있다

어언 내 인생도 마지막 마무리 단계다
과연 내 사석은 얼마나 많은지 두렵구나

구름과 나의 시

내 가슴에는 늘
시의 구름이 흐르고 있다

파아란 하늘
흰 구름 모여들어

광대무변 캔버스에
하얀 솜털구름 수놓듯

시는 하늘 속
내 가슴을 달린다

철 따라 피는 구름 꽃
지구를 돌듯

세월 따라 철드는 내 시
이승 인환의 거리 누빈다

행운유수로 흐르는
내 인생 구름 꽃

언젠가는 적란운(積亂雲)으로
하늘을 달리다가

한반도 상공 지날 때
불타는 저녁놀 되리라

손녀와 숨바꼭질

우리 아파트
손주와 단둘이 한다

으레 내가 술래가 되어
"꼭꼭 숨어라 머리카락 보인다"고 외치면

다섯 살배기 손녀는
"할아버지 보지 마!" 하면서
재빨리 뛰어가 숨는다

내가 소리 나는 쪽으로 따라가면
으레 안방 이불 속으로 들어가
꼼지락거리고 있다

"윤하 여깄구나!" 하고 이불을 젖히면
"하하하하하" 하고 큰 소리로 자지러진다

웃는 모습이 너무나 황홀하여
크게 따라 웃으며 안아준다

얼굴도 인형같이 예쁘지만
흰 피부가 눈송이 같아서

"우리 백설공주(白雪公主)야,
설부화용(雪膚花容)아!" 하고 부르며

나는 그 순간 감정이입에 빠져 맘속으로 외친다
〈순간아 멈춰라, 너무 예쁘구나
지금 할아비는 영원을 살고 있다〉

천진난만한 손녀의 재롱을 위해
세월을 묶어둘 수는 없을까!

늘 할아비 가슴에 피어나는
이승에서 제일 예쁜 꽃

신비로운 사람 꽃
어린이 꽃밭이 천국이구나

고통이 은총이다

고통이 은총이다
영혼을 성장시키는 촉진제

음식은 육신을 성장 유지하고
고통과 사랑은 영혼을 각성 유지한다

고통은 극복하면 축복이
못 하면 저주가 될 수 있다

누구나 일생을 살다보면
고통은 파도처럼 몰려온다

젊은 시절엔 정신적 고통이
늙어서는 육신의 고통이

〈젊어서 당하는 고생은
사서라도 한다〉는 말처럼
시련은 신의 은총이다

그만큼 영적으로 더 자라서
장래 금도(襟度) 큰 인물이 되리라

고통이 은총으로
전화위복(轉禍爲福)은

중생의 선택이지
어찌 하늘 탓이랴

내 인생 동반자

시는 내 외우(畏友)
늘 내 맘 속에 상주하면서

나를 감독하고 깨쳐주고
때로는 함께 놀아준다

괴로울 때나 슬플 때나
나를 위로하고 격려한다

가슴에 꿈틀대는 칠정(七情)을
여기(아이패드)에 쏟으라고
친절하게 말문을 열어준다

고통도 피로도
벗과 함께 놀다보면

어느 새 몸이 회복되어
푸른 하늘같이 맑아지고
마음엔 평화가 온다

허약한 체질로 생기는
온갖 스트레스와 일중독까지
이완하는 해독제다

시는 한평생 인생 동반자
내 앞길을 밝혀주는 가로등이다

열반당(涅槃堂)

늙어 병든 스님이
임종하는 거처는 열반당이고
중생이 가는 곳은 요양병원이다

열반당은 독채이나
요양병원은 대개 합숙한다

열반당은 게송이 흐르고
요양병원은 티비를 보며 속세를 그린다

열반당은 열반두(涅槃頭)*가
요양병원은 닥터가 돌본다

열반두는 열반적정(涅槃寂靜)을
의사는 호스피스를 지향한다

임종의 순간이 다가오면
열반두는 독경으로 영가를 천도(薦度)하고
의사는 모니터를 주시하며
호흡과 심장 박동이 모두 멎으면
동공을 확인하고 사망시각을 알린다

이 순간 영혼은 육신을 떠나
저승으로 간다

이렇게 육신을 떠나가는 영혼은
스님이나 중생이나 아무도 볼 수 없다

망자의 영혼은 일생 동안 살면서
자기 몸에 밴 업보대로 빛을 따르거나

빛이 무서우면 어둠 속으로 숨어서
삼도천(三途川)을 건너간다

노인요양병원은
인생을 배우는 마지막 영혼의 학교이자
중생의 열반당이다

* 열반두(涅槃頭) : 열반당에서 병구완하는 승려.

열반두의 만가

대왕님,
여기는 열반당(요양병원)
열반두(호스피스 닥터) 숙소입니다

지금은 깊은 밤
환자들은 모두 몸져누워 잠든
적막한 밤입니다

이 밤을 거룩하게 하시어
제 영혼이 당신 사랑의 샘물로
타는 목을 적시게 하소서

인생의 막장에서
무서운 저승 생각에
하염없이 몸부림치는 노리들

오로지 생사를 주관하는
대왕님을 우러러 뵈오며
자비만을 애타게 비나이다

인생 절체절명의 순간을 맞아
신성한 죽음의 진리를 몸소 깨닫고
회개의 눈물을 흘리며

탐진치로 헤매던 중생이
죄악의 늪에서 본성으로 돌아와 올리는
마지막 기도를 들어주소서

이승의 막장에서 망연자실
죽을힘으로 이 고통을 얼싸안아
진정한 사랑의 맘으로 봉헌하오니

전능하신 대왕님,
당신 지혜의 칼로
이 철부지의 허물을 벗겨주소서

일생 동안 목에 붙은 찰거머리
제 끝없는 욕망을 끊어주소서

이 미거한 열반두를 용서하시고
지극한 맘으로 올리는 기도를 들으시어

저들이 모두 무사히 삼도천 건너
영원한 천상 영계로 들게 하소서

나의 생활 금언

언젠가 해외여행 중에
우리 교포 가이드가 한 말

어쩌다 조금 마음에 들지 않아도
'그러려니' 하고 너그러이 봐달라 했다

그 후로 웬일인지 그 말이 기억에 남아서
생활 속에 재생되어 떠오르곤 한다

세상을 살다보면
좋은 때는 잘 지나가지만

짜증날 때는 그러려니 하고
마음을 돌려야 조금 누그러진다

사소한 손해를 봐도 그러려니 하고 양보하면
슬그머니 신경이 무뎌진다

옛말에 '참는 것이
베푸는 것'이라 했다[인지위덕 忍之爲德]

고단한 인생길에 셈평이 날 때마다
그러려니 하고 살다보면

베풀지는 못 해도
참아서 화를 면할 때도 있으니

이제 이 말은 무던한 마을로 가는 가이드
내 생활 금언(金言)이 되었다

제5부

영혼에 대하여

〈탐구〉 영혼에 대하여

1) 정신과 뇌 기능

유물론자들은 정신과 영혼은 모두
뇌기능에 있다고 단언한다

뇌사는 사람의 종말이며
사후는 물론 죽으면 끝이다고

과연 그럴까?
종교를 믿고 열심히 살아가는
모든 신자들은 반대할 것이다

같은 부모로부터 태어난
형제나 쌍둥이는 항상 같은 음식을 먹고 사는데
왜 생각이 그토록 다를까?

그 이유는 생각이 물질에서 나오는 것이 아니고
영혼이 다르기 때문이다(베르그송)

마치 피아노와 같다
악기를 연주하는 사람이 없으면
아름다운 멜로디를 낼 수 없다

또한 피아노가 아무리 좋아도 건반을 터치하는
연주자의 미묘한 손동작에 따라
위대한 음악이 탄생하는 것이지
결코 피아노의 성능이 아니다

그런데 인간의 영혼은 모든 생물,
동물의 각혼, 식물의 생혼
그리고 미생물 등의 그것과 어떻게 다른가

여기서 우리는 영적 능력과 뇌기능에는
밀접한 상관관계가 있음을 알 수 있다

영적 힘이 클수록 뇌기능도 좋다
이른바 인간은 만물의 영장이다

젖을 먹고 뇌기능을 비롯한
아기의 몸이 자라듯이

부모의 사랑과 보호를 양식으로
영혼과 정신작용도 성장한다
정신은 영혼과 뇌를 연결하는 연결고리다

뇌는 육체의 한 부분이다
영혼은 뇌를 관장하고 육신에 명령하여
고유한 인격을 만들어낸다

주로 하반신을 단련하여 육상선수가 되듯이
뇌를 잘 발달시키면 과학이나 예술의 천재가 탄생한다

생명은 뇌기능이 왕성할 때 창조적 진화의 꽃이
피었다가 늙어 뇌가 퇴화, 줄어들어 기능이 쇠퇴하면
영적인 능력도 점차 줄어든다

뇌기능은 사람마다 선천적으로 다르다
수학에, 음악에 천재가 있듯이 바둑에 천재가 있다

뇌는 밭이고 영혼은 씨앗이니 비옥한 밭에는 좋은 품종이
최선이고 그 다음은 교육과 훈련이다

위대한 정신은 보통 개인의 바깥에서 온다
가깝게는 가족이나 이웃으로부터
멀리는 이 행성 그리고 우주로부터 온다

음식이 끼니때마다 위장으로 들어가 소화되어
에너지를 내듯이 잠자지 않고 깨어있는 시간에는
끊임없이 모든 정보가 뇌로 유입된다

그 중에서 자기에게 유익하다고 판단한 정보는 저장하여
훗날 활용하고 그렇지 않은 것은 수면 중에 버려진다

소화기관은 자율신경계의 주재로 일어나지만
정보처리는 뇌 기능의 일부로서 영혼이 관장한다
현대인은 정보가 너무 많아서 그 부작용도 만만치 않다

그런데 그토록 많은 정보를 수용하여 의식적으로
자기 정신을 창조하여 자기 나름의 삶을 꾸려나가는 것이
인간으로서 다른 생물과 다른 점이고 만물의 영장인 이유다

그러므로 한 생명이 살아가는 공동체의 집단의식도 중요한데
어떤 것은 다른 행성이나 우주에서 받는 우주 의식 중 하나다

그런데 사람이 늙어가면서 뇌기능도 퇴화하는데
노화로 인하여 뇌세포가 계속 줄어든다
뇌의 어느 부위가 먼저 노화되느냐에 따라 사람마다 차이가 있다
마치 다섯 손가락 중에서 어떤 것이 결손 되느냐에 따라 손기능이 달라지는 것처럼.

이렇게 뇌기능이 계속 줄어들다가 마침내 치매에 걸리고
종국에는 인사불성이 되는데 이때 우리 영혼은 어찌 될까?

뇌기능은 영혼과 아주 섬세하고 미묘한 관계를 유지하다가
뇌기능의 퇴화함에 따라 연결고리인 정신은 박약해지는데
영혼은 어떻게 변할까?

영혼은 기(氣)의 집합(화담 서경덕)이라는데 점차 흩어져
희미해지다가 증발하듯이 사라져 결국 어떻게 되는 것일까?

평생 동안 육체의 주인인 영혼의 행방은 어떻게 될까,
사람이 죽으면 영혼은 어디로 사라지고 또 치매에 걸려
육신의 기능이 쇠약해지면 영혼은 어떤 상태일까?

죽은 후의 영혼은 우주공간으로 간다지만
인간의 생과 사의 갈림길에서 언제 어떻게 분리되는지
아직 아무도 모르고 있다.

성경이나 불경 말씀은 너무나 단순하고 서로 말씀이 달라 혼란스럽고
특히 윤회론에서 말하는 종이 다른 생물간 교차 윤회는 이해하기 어렵다

장래 얼마 아니면 과학적으로 그 답이 나올 것이다
인간의 사후 영혼에 관한 과학적 해답 말이다

아마도 모든 생물은 전자파와 유사한, 눈으로 볼 수 없는
고유한 영혼 에너지를 갖고 있으며 인간의 영혼도 그 고유한
형태의 파동 에너지일 가능성이 크다
또한 영혼도 각 개인마다 조금씩 다른 모양(얼굴 모습처럼)으로
영계에 존재할 것이다

그리되면 진정한 웰빙과 웰다잉의 정확한 좌표가 출현할 것이다
우리의 삶은 많은 변화가 따를 것이고 더 행복한 미래를 위하여
더 과학적으로 준비할 것이다

그리되면 지구라는 행성은 국경 없는 한 나라인 지구촌으로
한 국기 아래 여러 행성과 더불어 잘 지내게 될까
아니면 다시 그때부터 행성 간 우주전쟁이 터질까?
태양의 나이는 아직 60억 년은 남았다는데….

※ 다음은 정신과 물질과의 관계를 과학의 입장에서 밝혀낸 글로서 나아가서 인간의 정신과 영혼의 현상을 짐작하는 데 매우 중요한 단서가 될 것으로 생각하고 여기에 싣는다.

"20세기 상대성 이론과 더불어 가장 위대한 발견이라 칭송받는 양자론은 기존 물리학의 관점을 완전히 뒤바꿔 놓았습니다. 상식적으로 이해되지 않고 논리적으로도 전혀 말이 안 되는 양자론은 눈에 보이는 것만이 전부라 믿는 과학자들의 관점을 완전히 바꿔 놓았습니다.

양자론이 밝혀낸 가장 놀라운 사실 중 하나는 바로 '입자와 파동의 이중성'입니다. 이것은 광자(빛의 알갱이)나 전자처럼 원자보다 작은 소립자들은 입자와 파동의 두 가지 성질을 동시에 가지고 있음을 뜻합니다.

그때까지만 해도 모든 물질은 입자는 입자 상태로만 존재하고, 파동은 파동 상태로만 존재한다고 여겨졌는데, 소립자들은 동시에 이 두 가지 성질을 모두 가지고 있음이 밝혀졌으니 과학자들은 놀랄 수밖에 없었습니다.

광자나 전자가 이처럼 두 가지 상태로 모두 존재가 가능하니 하나의 소립자는 구름이 퍼져 있는 것처럼 동시에 광범위한 장소(심지어 우주 전체)에 넓게 퍼져 존재할 수 있습니다(상태의 공존).

이처럼 양자론은 우주와 인간의 구성 요소인 소립자가 서로 분리된 것이 아니고 오직 파동 하나로 연결된 사실을 발견하여 '우주는 하나'라는 진리를 증명한 데서 그 위대함을 찾을 수 있습니다. 그리고 새롭게 발견된 양자물리학의 이론과 원리들은 오늘날 정신 의학에 접목되어 각종 정신 질환의 치료에 응용되고 있습니다.

잘 아시겠지만, 위약 효과(placebo effect)는 의사가 가짜 약을 진짜 약이라고 속여서 환자에게 처방해도 실제로 치료 효과가 나타나는 현상입니다. 가짜 약인데도 불구하고 복용하면 병이 낫는 등 치료 효과가 나타나는 것은 환자의 강한 믿음 때문이지요.

위약 효과 역시 양자론에 의해 설명 가능한데, 환자가 '이 약을 먹음으로써 나의 병이 나을 것이다.'라고 강하게 믿게 되면 이 정보가 결국 환자의 무한한 능력을 가진 집합무의식에 전달되어 치료 효과가 나타나게 되는 것이라 볼 수 있습니다.

몸과 마음은 우리가 생각하는 것보다 매우 밀접하게 연결되어 있습니다. 신경전달물질인 세로토닌과 도파민은 우리가 행복감과 평안을 느낄 때 뇌에서 분비가 촉진되지만, 부정적인 감정을 느낄 때는 그렇지 않습니다.

미국 프린스턴 공대 교수 로버트 잔(Robert Jahn)과 심리학자 브랜다 듄(Brenda Dunee)은 1976년부터 20년간 전자 난수 발생기(RNG)를 사용하여 마음의 에너지 상태를 실험하였습니다.

그 결과 마음은 아주 미세한 입자로 되어 있으며, 이것은 물리적 입자와 동일하므로 입자로 존재할 때는 일정한 공간에 한정되어 있지만, 파동으로 그 성질이 변하면 시공간을 초월하여 이동할 수 있음이 밝혀졌습니다. 이것은 사람의 마음이 허무(虛無)가 아니라 양자론에서 말하는 파동 에너지의 성질을 가지고 있음을 의미합니다.

이처럼 사람의 마음도 일종의 에너지이고 따라서 좋은 마음은 좋은 마음대로, 나쁜 마음은 나쁜 마음대로 고유의 주파수를 가지고 있습니다. 뿐만 아니라 이런 마음의 주파수를 측정하는 장치가 개발되어 있는데 그것을 '양자의식 교류장치(quantum xerroid consciousness inferface, QXCI)'라고 부릅니다.

이 장치는 환자가 가지고 있는 슬픔, 분노, 원한, 미움 등과 같은 주파수를 찾아내어 이 주파수들의 반대파를 만들어 환자에게 되돌려 줌으로써 스트레스 주파수를 상쇄시키고 병을 치유합니다.

물론 기계장치를 이용하지 않고도 양자론의 원리를 이용하면 환자 자신이 상상을 통해 개인 무의식의 부정적인 감정(슬픔, 분노, 원한, 미움 등)을 제거함으로써 육체의 질병을 얼마든지 치료할 수 있습니다.

그는 일생을 살아오면서 가장 기뻤던 일, 가장 기분 좋았던 일을 오랫동안 상상하는 것이 건강을 위해서나 치유를 위해서나 매우 좋은 방법이라고 합니다.

또한 기분 좋은 음악을 듣는다든지, 아름다운 그림 속으로 들어가 거기서 평화와 안식을 만끽한다든지, 혹은 마음이 맞는 친구를 자주 만나서 기쁜 마음을 확장하는 것 등도 자연 치유력을 증강시킬 수 있다고 주장합니다.

또한 하루 세 번이라도 식사시간마다 음식에 대한 감사한 마음을 갖는다면 그것만으로도 병을 치유하는 데 크게 도움이 된다고 하였습니다.

그는 책에서 이러한 사례들을 통해 어떻게 병이 '저절로' 나을 수 있는지를 분명하고 확신에 찬 목소리로 전하고 있습니다. 그는 "당신이 치유될 수 없다고 말하는 정신과 의사나 병원에 치료를 맡기지 말라."고 강조하면서 현대의학은 자연치유력을 강화하는 '비의학적 요법'들에 대해서도 가슴을 열어야 한다고 충고하고 있습니다.

최근 기능성 자기공명영상(MRI) 검사를 이용한 연구 결과들은 실제로 '환자의 부정적 사고와 감정이 실제로 뇌의 특정 부위 기능을 저하시키거나 혈류를 감소시킨다.'는 사실을 보고하고 있습니다.

기쁨이나 행복과 같은 좋은 감정은 면역력을 강화하는 호르몬을 분비하지만, 부정적인 사고와 감정은 반대로 면역력을 저하시켜 통증을 생기게 한다는 것이 오늘날 과학적으로도 입증되었습니다.

기도나 정신집중 등 영적인 방법, 의식의 힘으로 치유의 힘이나 정보를 멀리 있는 환자에게 보내는 치료의 효과는 놀라우며 많은 사례가 확인되고 기록되어 있습니다. 이 현상 역시 의식이나 의도가 현실에 영향을 미칠 수 있는 일종의 양자 에너지로 작용함을 보여줍니다.

이러한 결과들은 우리가 하는 생각과 감정, 마음이 '양자'라고 하는 눈에 보이지 않는 파동 에너지의 일종이며, 이 에너지의 특성에 따라 뇌의 특정 부위, 혈류, 호르몬, 신경전달물질, 신체 부위 등 인체의 여러 조직과 기능이 직접 상응하는 영향을 받게 되고, 그 결과에 따라 여러 종류의 증상이 생길 수 있다는 위의 추론들을 뒷받침해주는 증거라고 할 수 있습니다.

사실 이런 연구 결과들은 양자론의 시각으로 볼 때 너무나 당연한 것입니다. 따라서 구체적 상상을 통해 증상을 일으키는 에너지 파동들을 약화시키고 제거해서 안정된 상태로 되돌린 후 건강한 에너지를 충분히 채워가는 치료 방법을 쓰면 누구나 건강한 정신생활을 할 수 있습니다."

2) 영혼

내가 의사가 된 지 어언 반세기, 그동안 생명의 파수꾼으로 오로지 죽음과 맞서 싸웠다. 승부는 이미 정해졌는데 조금이라도 더 살 수 있도록 최선을 다했다. 이제 나 자신도 늙어감에 따라 인간의 영혼과 사후 생에 관하여 더욱 관심을 갖게 되었다. 영혼이란 무엇이고 임종 순간은 어떻게 되며 모양이 있다면 어떤 형태로 존재하고 또한 영원히 불멸인가?

영혼이란 말은 철학 종교 또는 문화권에 따라 그 뜻이 다양한데 우리말 사전에는 다음과 같이 설명하고 있다. (가)죽은 사람의 넋 (나)육체에 깃들어 마음의 작용을 맡고 생명을 부여한다고 여겨지는 비물질적 실체 (다)신령하여 불사불멸하는 정신 (라)육체 밖에 따로 있다고 생각되는 정신적 실체(영가). 어떻든 영혼은 정신과 육체를 아우르는 생명체의 총사령탑이라고 말할 수 있을 것이다. 나는 미국의 유명한 정신과 의사 M. 스캇 펙(1936~)박사*의 정의를 따르고 싶다. "영혼이란 하느님이 창조하고 하느님이 자양분을 주는 독특하고 발전적인 영원한 인간의 정신[혼(魂)]이다."

유물론자들은 만물의 근원은 물질이고 인간의 정신은 단지 고도로 발달한 뇌 기능일 뿐이지 영혼 같은 것은 없다고 주장한다. 그런데 프랑스 철학자 베르그송(1859~1941)의 질문, 〈정신이 물질에서 나온다면 쌍둥이는 같은 부모로부터 태어나 성장하면서 같은 젖이

---

*엠 스캇 펙(1936~) 박사. 미국 하바드 의대 수석 졸업. 미국 코네티컷 주 밀퍼트종합병원 정신건강치료센터장. 뉴욕타임스 12년간 칼럼니스트. 영혼과 존엄사 및 안락사에 관하여 세계적 권위자. 저서 『아직도 가야할 길』 『영혼의 부정』 등.

나 음식을 먹는데 왜 그토록 생각은 다른가?〉에 정확하게 응답하지 못하는 이유는 마치 〈같은 피아노로 같은 곡을 연주해도 연주자에 따라 그 감동은 다 다르다〉는 것과 같은 이치다.

독일의 노벨상 수상 시인 헤르만 헤세(1877~1962)는 "사람의 죽음이 동물과 같다면 인생은 조금도 괴로워할 것이 없을 것이다."고 말했다. 또 시성 괴테는 영혼의 불멸에 관해서 이렇게 말했다. "죽음이란 해가 지는 것과 똑같다. 우리가 태양을 볼 수 없지만 태양은 여전히 빛을 비추고 있다. 마찬가지로 영혼은 죽은 뒤에도 아무런 변화 없이 계속 존재한다." 소크라테스는 영혼불멸을 믿는 증거로 태연히 독배를 마셨다.

그런데 유전자 조합이 우수할수록 우수한(지능, 학문이나 예술, 심신수양, 수련, 부모의 특이한 소질 등) 인간이 탄생하고 또한 부계나 모계에서 온 유전적 결함으로 출생 후 치유가 불가능한 질환(다운 증후군, 헌팅턴 병, 소경, 색맹, 뇌전증, 선천싱 기형 등)을 갖고 태어나기도 한다. 이렇게 치유 불가능한 질환을 갖고 태어난 사람은 매우 안타까운 사람들로서 신도 인간 불량품을 창조할까 생각하면 황당하다.

공자는 태어날 때부터 모든 것을 다 아는 사람(생이지지 生而知之)이 있으나 자기는 배워서 아는 사람(학이지지 學而知之)인데 하나를 들으면 열을 미루어 알게 되었다고 한다. 그런데 대개는 애써 공부해서 아는 사람(곤이지지 困而知之)이 많다고 했다. 곧 인간은 세 등급으로 나눠 최상등급은 태어날 때부터 아는 사람이고 배워서 아는 사람은 그 다음이고 곤란해진 뒤에도 배우지 않는 사람은 최하등급이라고 했다. 특히 천명을 알지 못하면 군자가 될 수 없다고 말했다. 어떻든 인간은 그 출생부터 천차만별로 매우 다양하게 태어나는데 어떤 사람은 그 질이 너무 낮아 교육이 불가능하므로 그 자질에 따라서 가르쳐야 한다고 했다. 그리고 아침에 도를 듣고 저녁에 죽어도 가하다고 하셨다. 그렇다면 앞의 정의에서 펙 박사가 말한 것처럼 영혼이 발전적으로 진화하면서 유전된다는 사실을 기억할 필요가 있다.

그런데 공자께서는 사후세계에 대해서는 침묵으로 일관하셨다. 제자가 죽음은 무엇이고 사후 제사를 어떻게 모셔야 하는지를 여쭈자 생(生)도 모르는데 어찌 사(死,죽음)를 알 수 있겠는가. 차라리 생을 더 알아보라. 그리고 제사는 산 사람을 모시듯이 하되 우선 산 사람을 잘 섬겨보라고 하셨다. 성인은 오로지 삶의 철학(생철학)자이었다.

종교적으로 다생(多生), 곧 윤회를 믿는 종교는 불교를 비롯한 힌두교 자이나교 등 인도에서 발생한 종교가 대부분이고 단생(單生), 곧 한 번 태어나 죽으면 그만인 종교는 그리스도교와 이슬람교가 대표적이다. 지난 세기 미국의 소위 '잠자는 예언가' 에드거 케이시(1877~1945)의 증언이 심령과학자들에게 큰 충격을 주었는데 그 당사자는 기독교도였다. 그는 많은 불치병 환자들을 고쳐 주었는데 무의식 상태에서 환자의 전생을 추적하여 병의 원인을 알아내고 심지어 아주 수백 년 전에 땅에 묻은 금괴를 현장 답사하여 찾아내기도 하였다. 그리고 많은 예언을 했는데 그중 나치의 패전, 소련 붕괴, 체르노빌 원자로 폭발, 미국 두 대통령 사망 등은 이미 적중했으며 자기의 죽는 날도 예언대로 되었다고 한다.

그럼 인간이 태어나 살다가 죽을 때까지 영혼은 어디에 있을까? 인간이 수태되는 순간 영혼은 어떻게 자리 잡을까? 정자가 난자 속으로 들어가 수정이 되면 비로소 태아가 되어 자궁 후벽에 자리를 잡고(착상) 세포분열이 시작된다. 그러는 순간 부성과 모성에서 온 각각의 염색체 안에 내재된 유전정보가 만나서 한 생명체로 성장하면서 영혼도 함께 자라 40주가 지나면 태어난다. 물론 출생한 뒤에도 계속 성장하여 어른이 된다. 이때 영혼은 태아의 뇌세포의 발생 부위에만 집중되어 있을까 아니면 전신 세포에 퍼져 있을까?

그 후 성인이 되면 영혼은 우리 몸 어디에 자리 잡고 있을까 궁금하지 않을 수 없다.

스베덴보리(1688~1772)*의 말처럼 영혼이 육신 안에, 특히 대뇌에 있는가, 아니면 오쇼 라즈니쉬의 주장대로 몸의 전 세포에 있는가, 그렇지 않고 한의학에서 말하는 간이나 담낭에 있는가, 그것도 아니면 불가의 영가라는 말대로 몸 밖에서 후광처럼 에워싸고 있는가.

그런데 여기서 영혼이 대뇌에 있다면 머리를 이식하면 공여한 사람의 뇌로 대체되어 전혀 엉뚱한 사람이 될까 아니면 이식한 부분과 몸이 새로 조합되어 제 삼의 사람이 될까? 반대로 그 결과는 장래 영혼의 소재를 알려주는 단서가 될 것이다. 어쨌든 뇌사상태의 인간은 식물인간으로서 그 영혼의 존재를 정확히 설명하기는 어려운데 생체 이식의 경우는 뇌사 판정 후 영혼이 떠난 것으로 간주하고 필요한 장기를 적출한다.

이제 죽음이란 무엇이고 영혼은 영원불멸인가, 아니면 얼마(약 3천 년?) 지나면 소멸하는가에 대해서 생각해보자. 죽음은 우선 생물학적인 현상이다. 사람은 생명을 유지하는 데 가장 중요한 5가지

---

* 엠마누엘 스베덴 보리(1688~1772) : 스웨덴의 과학자, 철학자, 신비주의자. 심령술에 전념하여 독특한 신비주의 사상을 전개했다. 저서 『내가 본 천국』 『내가 본 지옥』 등 다수.

의 기관이 있는데 그것은 뇌 심장 폐(좌우) 간 신장(좌우) 등이다. 그중 하나라도 고장이 나면 생명은 더 이상 견딜 수 없으므로 바이탈 오르간(vital organ)이라고 부른다. 그런데 간 기능이나 신장 기능은 다른 세 기관에 비해서 비교적 천천히 없어지므로 우선 즉시 나타나는 호흡(폐)과 맥박(심장) 그리고 동공상태(뇌파)를 보고 판단한다. 보통 심장 기능 저하로 혈압이 떨어지거나 호흡장애로 사망에 이르는데 마지막으로 쉬는 턱 호흡을 체인-스토크스 호흡이라고 부르고 이 호흡이 시작되면 잠시 후 호흡이 멈춘다.

호흡이 멈추고 다시 몇 분 지나면 심장이 멎는데 사람마다 조금씩 다르다. 어떤 분은 30분 이상 걸리는 사람도 있다. 그리고 다시 몇 분 지나면 동공이 완전히 산동(열림) 된다. 그렇게 약 10분 내지 30분 안에 연달아 일어난다. 사망에 이르면 흉곽 움직임이 멎고 산소 포화도는 0%, 맥박이 잡히지 않고 심전도는 심장 박동이 없어져 수평선처럼(—) 나타나고 눈의 동공은 빛반응이 없고 완전히 열려(산동)진다. 그렇게 되면 의사는 보호자에게 사망 선언과 함께 시간을 알린다. 그러나 이때 망자의 모든 장기가 다 죽었다는 것은 아니다. 간이나 신장은 조금 더 천천히 죽어가고 피부는 며칠이 걸린다.

나는 10년 가까이 어르신들의 임종을 지켜보면서 저 유명한 미국 정신과 의사 엘리자베스 퀴블러 로스(1926~2004)* 박사의 임사체험기를 떠올리며 인간 영혼의 유체 이탈을 알고 싶어 늘 성찰해 보았으나 영혼의 정체를 인지할 수 없었고 유체 이탈 전에 떠난다는

---

* 엘리자베스 퀴블러 로스(1926~2004) : 스위스 출생. 맨해튼 주립병원 정신과 의사. 시카고의대 정신과 교수. 죽음과 임종에 관한 세계적 권위자. 저서 『인간의 죽음』 『죽음과 임종에 관한 의문과 해답』 『어린이와 죽음』 등 다수.

혼불도 볼 수 없었다. 여기서 로스 박사의 죽음과 영혼에 관한 자세한 설명을 들어보자.

"사후 세계는 믿음의 문제가 아니고 앎의 문제다. 죽음이란 고치를 깨고 나오는 나비와 같은 것이다. 육체가 영혼을 붙잡을 수 없을 정도로 망가지게 되면 영혼이 완전히 벗어나게 된다. 육체는 영원불멸의 자아 곧 영혼을 감싸고 있는 껍질이다.

이승의 삶은 그대의 전 존재 기간 중에서 지극히 짧은 순간에 지나지 않으며 조건 없는 사랑을 배우는 아주 중요한 학교이고 죽음은 그 마지막 수업이다. 졸업성적은 하느님께서 오로지 인간에게만 허락한 자유의지를 가지고 생각과 말과 행동으로 시간을 얼마나 선용했느냐는 것, 곧 조건 없는 사랑을 얼마나 베풀었느냐에 달렸다.

죽음의 마지막 단계에서 하느님께서 심판하여 형벌을 내리는 것이 아니고 자기가 태어나서 죽는 날까지 일생 동안 살면서 생각하고 말하고 행동한 것을 어떤 TV 스크린 같은 것 앞에서 일일이 기억해내면서 자기가 스스로를 심판하되 자기가 해온 업보대로 가야할 길을 가는데 그 길은 천국에서 지옥까지 무수히 많은 길 중의 하나이다.

그런데 그때 조건 없는 사랑을 베풂에 있어서 자기 자신이 최대의 장애물이었음을 깨닫고 후회한다. 나는 천 번의 죽음 대신에 말로는 표현할 수 없는 거듭나는 과정을 겪었다. 그것은 먼저 배에서부터 떨리기 시작해서 온 몸의 빠른 떨림과 맥박으로 나타났다. 그러고 나서 그 떨림은 내가 볼 수 없는 모든 것, 즉 천정 벽 마루 가구 침대 창문, 창밖의 나무 지평선 지구 전체로 퍼지더니 마치 지구가 매우 빠른 속도로 진동하고 동시에 연꽃 봉오리 같은 것이 나타나 믿을 수 없을 만큼 아름답고 화사한 꽃을 피웠다. 연꽃 뒤로는 환자들로부터 자주 듣던 빛이 나타나 깊고 빠른 진동 속에서 천천히 선회하면서 연꽃으로 들어가 빛에 가까이 다가감에 따라 나는 천천히 이 빛 속으로, 엄청난 조건 없는 사랑 속으로 빠져 들어갔다. 드디어 나는 그 빛과 하나가 된 것이다.

모든 번뇌 아픔 분노 슬픔을 경험한 다음 우리가 돌아가야 할 집, 즉 그것은 궁극적인 평화의 집이었다. 그곳에서는 인간의 모든 고뇌가 사라지고 인간이 육체적 감정적 지적 영적 요소를 조화롭게 하는 존재가 됨으로써 우리 본래 모습을 회복하며 자기 고집을 부리지 않고 자기 이익을 내세우지 않고 진정한 사랑을 이해하는 존재가 될 수 있었다. 만일 내가 죽음 뒤의 삶에 대해서 다른 사람들과 말한다면 문자 그대로 천 번의 죽음을 겪어야 한다는 사실을 이해하게 된 것은 이 체험 때문이었다."

천 번의 죽음을 체험해야 비로소 말로는 표현할 수 없는 4,700만 년 동안 진화한 인간의 영혼이 우주 의식인 완전무결한 사랑의 집으로 들어갈 수 있다니 정말로 놀라울 뿐이다. 어쨌든 사후 생은 이승의 삶이 아닌 영원한 영혼의 평화, 곧 사랑의 집에 사는 것이란다.

천문학에서는 약 60억 년 후에는 태양도 수소 연료가 소진되어 적색 거성이 되면서 태양에서 가까운 수성 금성 지구를 차례로 흡수하여 블랙홀이 된다고 한다. 그리되면 우리가 사는 이 지구는 타버리고 말 것인데 인류의 영혼은 어디로 갈까, 아니 그러기 전에 인류의 종말이 오고 이 지구의 마지막 생물은 인류가 아니고 어떤 생물일지 알 수 없다. 마치 공룡처럼 인류도 이 지구상에서 얼마 동안 살다가 사라질 운명일 것이다. 부처님도 장엄겁(과거)을 지나 현겁이 끝나고 성수겁(미래)이 시작되기 전에 불법이 다 파괴되어 인류도 사라진다고 했다.

예수님께서는 이미 이 세상의 종말과 최후의 심판까지 예고해 놓으셨다. 그러므로 잠시뿐인 이승의 생명을 좌지우지하는 권력보다 사후의 영혼을 지배하는 하느님을 무서워하라고 경고하셨다. "나는 부활이요 생명이니 나를 믿는 사람은 죽더라도 살겠고 살아서 믿는 사람은 영원히 죽지 않을 것이다." 죽어가는 환자에게 이보다 더 좋은 위로의 말씀이 있겠는가!

이제 죽음과 심판, 천국 연옥 지옥을 차례로 살펴보자.

죽음은 인간이 걸어온 지상생활의 끝이다. 그러므로 교회는 죽음 이후 다시 이승에 돌아온다는 환생설을 받아들이지 않는다. 하지만 그리스도께서 죽음을 이기고 부활하심으로써 하느님께서는 죽음의 권세 아래 놓인 인간을 구원하셨다. 그래서 그리스도를 믿는 이들에게는 죽음이 죽음이 아니요 오히려 새로운 삶으로 넘어가는 과정이며 하느님의 초대이다.

죽음 이후 육신과 분리된 불멸하는 영혼은 하느님 앞에 나아가 심판을 받게 된다. 죽음 직후 개별적으로 이루어지는 심판을 개별심판(사심판)이라 하고 세상 종말에 있을 마지막 심판을 최후심판(공심판)이라고 한다. 개별심판은 살아 있던 동안 행실과 믿음에 대한 셈을 치르는 것이다. 그 심판의 결과로 우리는 연옥 천국 지옥에 들어가는데 최후의 심판은 그리스도께서 재림하실 때 있게 될 총체적 심판으로 이 심판의 기준은 가장 보잘 것 없는 이웃에게 베푼 자비와 사랑이다.

천국은 하느님의 은총과 사랑을 간직하며 살던 이들이 그리스도와 함께 사는 생을 의미한다. 천국에서 우리는 하느님을 온전히 만나게 되고 하느님과의 완전한 친교 안에서 참된 행복을 영원히 누리게 된다.

연옥은 영혼이 천국에 들어가는 데 필요한 거룩함을 얻기 위해 거쳐야하는 정화의 과정을 밟는 정화소다. 이승의 교도소와 같은 뜻으로 본다. 또한 우리는 기도와 희생을 통하여 죽은 이들의 수형생활에 도움을 줄 수 있다고 믿는다.

지옥은 어떤 공간이 아니라 하느님과 이루는 친교를 스스로 거부하여 하느님과 영원히 단절된 상태를 뜻한다. 지옥에 대한 교회의 가르침은 신자들에게 겁을 주기 위한 것이 아니고 오히려 지금의 삶을 하느님의 뜻에 따라 살아가라는 회개의 길로 인도하기 위한 간절한 당부이자 초대이다.

사람은 태어날 때부터 동물과 달리 인지력이 발달되어 있고 이성(양심) 감성 오성 등을 갖고 출생하는데 특히 양심은 선악을 분별하는 능력으로 동물적인 본능을 통제하기 위한 것으로 인간으로 태어나면 누구나 공평하게 가진다. 그러므로 사람은 양심의 명령대로 행동하면 인간답고 그렇지 못하면 비인간(때로는 동물)적인 비행으로 되어 이웃들로부터 빈축을 사게 된다. 결국 본능인 욕심을 억제하고 양심대로 사는 것이 사람이고 또 그리하지 않으면 양심의 가책으로 스트레스를 받아서 너무 심하면 잠을 이루지 못하여 병이나 생명이 위태로울 수도 있다. 양심은 자유의지라는 권리에 대한 책무로서 자동차의 핸들의 자유를 제어하는 제동장치와 같다. 그래서 인간은 양심대로 살아야 제 명을 다 살 수 있고 본능대로 따르면 죽음의 길을 재촉하는데 이것은 인류의 시조인 아담과 하와의 원죄와 죽음을 소급해서 생각할 수 있다.

성경 창세기의 창조설화는 사실의 기록이 아닌 상징적 진실로서 참으로 심오한 진리가 들어 있다. 하느님께서 당신의 모상대로 인류의 시조인 아담(흙, 먼지라는 뜻으로 아무것도 아닌 것을 의미함)을 흙으로 빚어 만들고 숨(영, 정신, 이성)을 불어넣으셨다. 그리고 아담의 갈비뼈로 하와(Eve, 생명이라는 뜻)를 창조하여 동반자로 함께 살되 비로소 흙과 생명이 만나 완전한 인간으로서 자식을 많이 낳아 땅을 차지하고 살도록 했다. 또한 모든 과일은 먹어도 좋으나 선악과는 절대로 안 된다고 엄명을 내리셨다. 그러나 눈이 밝아진다는 호기심으로 사탄의 꾐에 넘어가 그것을 따먹고 말았다. 그 벌로 죽음과 양심이라는 책임을 면할 수 없게 되었다.

그런데 하느님께서는 왜 선악과와 사탄을 창조하셨을까? 여기서 자유의지는 인간을 동물과 구별 짓는 관건이고 선악과와 뱀은 그것을 잘 보여주는 바탕색이고 심볼이다. 결국 인간은 죄 가운데 살아야 할 시한부 생명으로 창조되었다. 그 후 하느님께서 참으로 긴 세월을 두고 관찰하시니 죄를 벗어나지 못하는 연약한 인간들이 너무나 불쌍하고 안타까워 새 약속(신약)으로 당신의 아드님을 보내주셨다. 그토록 죄 속에서 헤매는 인간을 구원하기 위해서 회개하는 자는 용서하실 계획으로 구세주를 파견하셨다. 이에 인간은 누구나 자기 잘못을 뉘우치고 회개하면 하느님의 아들 그리스도로 말미암아 그리스도 안에서 그리스도와 함께 완벽한 지복을 누리게 되었다.

그러므로 양심은 인간만이 가지는 자유의지의 견제 장치로 누구나 공평하게 하늘로부터 받았다. 따라서 인간은 양심을 떠나 살 수 없고 또한 인간답게 사는 길은 오로지 양심의 명령대로 살도록 창조된 피조물이다. 만약 그리 살지 않고 욕심대로 동물처럼 살면 훗날 최후 심판 때 창조주께 엄한 벌을 받는다. 영원히 지옥에 떨어져 고통 속에 지낸다고 했다. 여기서 말하는 양심과 본능 등 모든 정신 작용(이성 감성 오성, 사칠론, 이기론, 팔식 등)의 사령탑은 영혼인데 성경은 영이라고 표현하고 있다.

영혼은 추상명사는 아니다. 그렇다고 물질이나 비물질이라고 말할 수도 없다. 물질과 비물질은 사람이 사물을 식별하기 위해서 편의상 만든 용어일 뿐이고 그 확실한 경계는 없는 것이 현대 물리학의 정설이다. 또한 물질과 에너지는 한 등식으로 설명된 지 오래다. 요컨대 영혼은 눈에 보이는 물질은 아니지만 어떤 에너지, 이를테면 전자기장이나 파동에너지 혹은 전자파나 플라스마일지도 모른다. 그러나 필자는 이렇게 말하고 싶다. 〈인간의 영혼은 그 고유한 형태와 질량을 가지고 있다. 나아가서 동물이나 곤충 또는 식물에 이르기까지 모든 생물은 그 고유한 형태의 영을 가진다.〉고.

1901년 심령과학을 연구하던 미국 의사 던컨 맥두걸은 사망 전후에 체중을 재보고 통계를 냈는데 사후 약 21그램 정도 줄어든다고 보고하여 많은 이들의 주목을 끌었다. 장래 분자생물학은 반드시 그 답을 알려줄 것이다. 심지어 영혼과 함께 유전하는 모든 정신현상까지도 설명할 것이다. 영혼은 그 고유한 형태로 우주공간을 떠돌다가 마지막에는 그리스도의 말씀대로 될 것이다. 곧 이 세상 끝 날과 최후의 심판 그리고 천국과 지옥도 과학적으로 해명될 것이다. 그리고 장래 과학자들은 주님의 모든 말씀을 학술적으로 증명하고야 말 것이다. 〈영혼은 절대로 사라지지 않고 질량불변(보존)의 법칙대로 우주에 존재하면서 진화를 계속하는 동안 인간의 육신은 다만 죽음이라는 화학반응을 통해서 소멸을 반복할 뿐임〉을 말이다.

〈웰다잉을 위한 제언〉 저승길 로드맵

현대인은 정신적 육체적 건강의 조화를 통해 안락하고 행복한 삶을 추구한다는 뜻으로 웰빙이라는 말을 자주 쓴다. 우리말로는 참살이라는 뜻이다.

사람이 양심적으로 사람답게 잘 사는 것은 결코 쉬운 일이 아니다. 모범적으로 올바르게 사는 것은 많은 재화를 적선하는 것보다 낫다는 말이 있다. 어쨌든 사람답게 잘 살아야 죽음도 거기에 걸맞게 뒤따른다. 요컨대 웰빙과 웰다잉은 생과 사가 동전의 양면인 것처럼 둘이 아니고 하나다.

그런데 요즘은 의학의 발달로 장수 시대다. 우리나라도 평균 수명이 많이 늘어나 백세를 바라보게 되었고 죽음도 그만큼 더 관심을 갖게 되었다. 내가 요양병원에 호스피스 닥터로 일한 지(2014년부터) 어언 9년째다. 그동안 나는 내 환우들의 임종을 안타깝게 지켜보면서 사람이 늙어 죽을 때 당하는 고통을 목격하고 큰 충격을 받았다. 그래서 인생의 종점에서 죽음이 임박하여 저승 문전에서 헤매는 많은 생령들을 위하여 조금이라도 도움이 될 방법이 없을까 생각하다가 이 글을 쓰게 되었다. 2018년에 공포 시행되고 있는 웰다잉 법(존엄사법)도 고통의 시간을 줄여주기 위한 것이다.

누구나 살아 있을 때 자기가 평소 앓는 만성병의 합병증이나 후유증을 사전에 알아두면 죽음의 고통을 조금이나마 덜 수 있을 것이다. 그래서 인생의 종착역인 저승 역에 닿을 때까지 미리 통과하는 중간 역을 가상하고 하나의 로드맵처럼 안내하고 싶었다.

예를 들어 고혈압 환자가 어느 날 갑자기 쓰러져 죽으면 그것으로 그만인데 죽지 않고 한쪽 팔다리가 마비된 채로 깨어났다면 그 후의 삶은 본인은 물론 가족들까지 심각한 문제로 대두할 것이다. 그런 불행을 예방하려면 사전에 혈압을 철저히 잘 조절해서 뇌졸중을 막아야한다. 특히 정서적으로 마음의 안정을 유지하고 스트레스를 피하고 화가 나도 참고 자기 마음을 스스로 조절하여 항상 느긋하고 평화스럽게 지내야 한다.

어떤 분은 뇌출혈로 매우 위중하여 큰 병원에 입원하여 중환자실에서 인공호흡기로 숨쉬면서 무의미한 연명의료를 몇 개월 아니면 몇 년째 받고 있는데 이것은 얼마나 끔찍한 일인가!

그러므로 인간답게 최소한의 품위를 갖고 잘 죽는 것도 잘 사는 것만큼 중요하다. 웰다잉이란 간단히 말해서 질병의 고통과 기간을 최소한으로 줄여서 혼수나 반 혼수상태로 오래 끌지 않고 곧 임종을 맞도록 하는 것을 말한다. 이것은 결코 안락사가 아니고 엄연히 존엄사(인간으로서 지켜야할 최소한의 품위를 지니면서 죽을 수 있게 하는 행위 또는 그런 견해)로서 그 기준을 법률로써 마련했다. 그렇다면 당연히 무의미한 연명의료는 거부하고 소극적 안락사를 택하는 것이 낫다.

소극적 안락사란 쉽게 말하면 죽게 내버려두기로서 자연사를 말한다. 예를 들면 인지장애로 음식을 삼키지 못하면(삼킴 장애) 가는 호스를 비강을 통해 위장에 넣어 유동식으로 연명의료를 하는데 이런 의료를 거부하고 죽음을 맞도록 내버려두는 것이다. 예부터 물도 못 삼키면 곧 죽음을 맞는다고 했다.

이런 존엄사의 원리는 인간의 기본권리에서 나온다. 곧 인간으로 태어나면 천부적으로 살 권리(생존권)가 있듯이 치료를 거부할 권리도 있다는 것이다. 곧 혼수나 또는 판단 능력이 부족한 환자에게 그 보호자나 의료진이 자의로 무의미한 연명의료를 할 수 없다는 것을 말한다. 그러므로 화자가 건강할 때 미리 사전진료의향서를 작성하여 가족이나 법정대리인에게 맡겨서 후일에 그 뜻에 따라 무의미한 연명의료를 하지 않고 존엄사를 택할 수 있게 만든 장치로서 정부에서도 적극 장려하고 있다. {이 사전의료의향서는 [한국인의 웰다잉 가드라인]을 참조할 것.} 이렇게 존엄사법으로 인하여 개인적으로는 삶의 질을 그만큼 높일 수 있고 건강보험 재정을 절약하여 결국 국민 각자의 보험료 부담을 낮출 수 있을 것이다.

사람은 누구나 태어나면서부터 자기의 죽음을 숙제로 안고 살아간다. 그런데 언제 어디서 무슨 병으로 죽을지 아무도 모른다. 다만 어렴풋이 짐작할 수 있을 뿐이다. 대부분 평균수명은 살 수 있고 병원에서 죽으므로(옛날에는 객사라 하여 자택에서 주로 임종했었다) 자기 나이가 평균수명을 지날수록 죽음이 임박한 것을 알아야 한다.

나머지 숙제는 무슨 병으로 죽느냐인데 그것은 자기가 평생 앓고 있는 지병과 연관해서 짐작할 수밖에 없다. 앞에서는 고혈압에 관해서 알아봤는데 어떤 질환이든 자기 병에 대하여 철저히 정보를 얻어 많이 알고 어떻게 종말을 맞게 되는지 예상하고 있어야 한다. 방법은 자기 주치의로부터 자세히 듣고 인터넷을 통하여 지식을 확장해야 한다. 이렇게 캄캄한 저승길을 찾아가기 위한 작은 등불을 밝히는 것이 이 글의 목표다.

우리 조상들은 죽음 복이라는 이른바 고종명(考終命; 제명대로 살다가 편안히 죽는 것)을 오복의 하나로 알고 살았다. 가족들이 지켜보는 가운데 편안히 죽는 것은 결코 쉬운 일은 아니다. 그런데 현대인은 그렇게 자기 집에서 가만히 앉아서 언제 올지 모르는 죽음을 막연히 기다릴 수 없게 되었다. 병원에 입원하여 치료받거나 통원 치료하느라 잠시도 여유가 없는 너무나 복잡하고 각박한 시대가 되었다.

이집트의 피라미드는 기원 전 2,500년경 왕이나 왕족들이 출생하면 태어나면서부터 평생 동안 자기가 죽어서 들어갈 집(무덤)을 짓기 시작했다. 현대인은 어려서부터 인생의 목표를 세우고 그것에 대한 설계를 하는데 부모의 적극적인 배려로 출발한다. 그러나 그 세부적인 삶이 웰빙으로 실천되는 것은 자기 손에 달렸고 웰다잉도 마찬가지다. 거기에 하나 더, 백년해로와 해로동혈을 약속한 배우자의 몫도 함께 준비해야 한다.

그렇다면 로드맵은 언제부터 어떻게 준비해야 하는가?

로드맵은 결코 간단하지 않다. 심사숙고할 것이 너무 많아서 잘 정리하여 간결하게 기록하여 보관해야 한다. 여기서는 일반적인 것 몇 가지만 추려서 생각해보기로 한다. 물론 이 외에도 개인마다 가족들에게 일일이 하고 싶은 말이 얼마든지 있을 것이다.

1. 연령

자기와 배우자의 나이가 한국의 평균수명에 가까워지거나 또는 멀어질수록 로드맵을 작성할 때가 임박했거나 늦어지고 있음을 알아야 한다. 언제나 평생 반려자인 배우자의 것도 함께 생각하여 해로동혈(함=유골함)에 초점을 맞춰야 함은 물론 웰빙을 함께하는 것과 같은 이치다.

2. 질병

우선 자신과 배우자가 앓고 있는 만성병을 생각해야 한다. 예를 들면 고혈압 환자는 그 합병증으로 뇌졸중 뇌경색 편마비 등을 고려하여 사전에 뇌 정밀검사(MRI)를 받아보고 당뇨환자는 식이나 운동 등 생활요법을 잘 지켜 그 합병증(비만, 저혈당 쇼크, 신경통, 족부 궤양 등)을 예방해야 한다. 그리고 치매(알츠하이머병, 노인성, 혼합형 등), 파킨슨병, 퇴행성관절염, 각종 암, 심장병, 만성 신장병, 만성 폐쇄성 폐질환, 천식, 간경변, 만성 간염, 만성 대장염, 크론병, 결핵 등 수없이 많다. 그러므로 어떤 병이든지 부부 서로가 적극적으로 잘 챙겨줘야 한다.

3. 종교

한국인의 전통적인 유가적 인생관은 사후를 미지의 세계로 규정하고 거기에 대해서는 미리 준비하지 않았다. 그 이유는 공자의 사상에서 짐작할 수 있다. 공자는 다만 열심히 이승을 살라는 말씀을 했을 뿐이었다. 그러다가 죽으면 매장을 원칙으로 하여 조상묘지를 선영이라는 이름으로 잘 조성했다. 주자가례를 따라서 묘제를 지낼 수 있도록 상석이나 사당 또는 재각을 지어 제사를 잘 모시는 것이 최선이었다. 그리된 이유는 공자의 말씀 “생도 모르는데 어찌 사후를 알 수 있느냐? 사후를 알고 싶거든 생을 더 철저히 알아보라.”에서 미루어 생각할 수 있다. 그러나 불가에서는 윤회론에 의거하여 육도환생을 믿어왔다. 극락왕생하거나 인간으로 다시 태어나기 위해서는 사람답게 최선을 다하여 살아야 한다는 것이다. 특히 불교식 장례에 따른다면 망자의 명복을 위하여 사십구일재까지 길고 까다로운 절차를 밟아야 한다.

그런데 이제 시대가 많이 바뀌었다. 2021년 통계에 의하면 한국인은 개신교 17%, 불교 16%, 천주교 6%, 나머지 61%는 종교가 없다는 뜻으로 재래식 장례를 따른다는 것으로 볼 수 있을 것이다. 또한 개신교와 천주교를 합하면 23%가 그리스도교인 셈이다. 어떻든 장례절차는 절대로 종교를 떠나서는 생각할 수 없는 것이 현실이다.

4. 장례

부고 대상, 빈소, 종교의식에 따른 절차, 발인 등 준비할 일이 많은데 그중에서 제일 먼저 유족들에게 밝혀둘 일이 있으니 그것은 상조회 가입 유무다. 요즘은 사후 상조가 있어 상주가 알아서 처리하면 쉽다. 이미 가입한 분은 사망 전에 가입증서를 알려줘야 한다. 그러면 장례절차는 그대로 진행하되 망자가 믿는 종교가 있으면 그대로 따라야 한다. 본인은 이미 사망한 뒤이므로 어디까지나 망자의 유언대로 하는 것이 순리다.

빈소는 으레 병원 영안실에 준비하는데 문상객을 극히 소수로 제한하는 사람도 있고 장례식 때(특히 종교의식) 부를 레퀴엠(진혼곡)을 미리 알려주는 분도 있다. 또한 어떤 분은 부의금 접수를 사절하기도 한다.

가장 분명히 해둘 것은 시신 처리방법[매장, 화장 후 수목장, 산골(유골을 강이나 산 바다에 뿌림)]과 장지다. 최근에는 화장 후 납

골당, 사찰, 납골묘, 가족묘지, 선산, 공원묘지 또는 특정 시설(종교 단체, 현충원 등) 매우 다양하다.

5. 유산 상속

이 주제는 매우 중요하다. 특히 유산이 많으신 분은 아주 사소한 것까지 잘 처리해야만 뒤탈이 없다. 평소에 아끼던 고급 가구나 패물은 물론 기념품이나 골동품 사진첩까지 일일이 자녀들에게 생전에 나눠줘야 한다. 후일에 분쟁의 소지가 있기 때문이다. 특히 고가의 부동산, 은행이나 보험 통장, 주식 채권 저작권 유가증권 또는 고가의 문화유산으로 서예 미술품이나 골동품 등 매우 다양하다. 또한 회사나 법인, 특히 큰 회사 회장의 경우는 법인을 상속할 때 육성 녹음이나 자필 서명 날인 등 전속 변호사나 각 분야별 전문 변호사와 잘 상의하여 공증으로 처리해야 한다. 특히 해외에 거주하는 자녀에게 주는 재산은 국제 변호사까지 필요할 수 있으므로 긴 시일이 필요하게 되므로 미리미리 서둘러야 한다. 특히 조기 치매가 있는 분은 병환이 깊어지기 전에 그만큼 더 서둘러야 한다. 이렇게 원만히 처리하여 사후 후손들 사이에 아무 분쟁도 일어나지 않고 오순도순 화목하게 살도록 부모로서 인생을 아름답게 잘 매조지하는 것이 웰다잉일 것이다.

6. 경제적인 측면

경제력은 매우 중요하고 예민한 부분이다. 그것은 웰빙과 똑같다. 돈 없이 잘 살 수 없듯이 말이다. 그러나 많은 돈이 필요한 것도 아니다. 돈이 많은 분은 자기가 원하는 대로 별장이나 펜션에서 개인 간병인을 두고 가족과 함께 지내면서 취미생활도 할 수 있을 것이다.

그러나 서민들은 요양원이나 요양병원 또는 공공시설이나 봉사단체의 시설에 입원하여 지낸다. 요양병원도 1인 1실에서 6인실까지 다양하고 간병인도 개인 간병인을 데리고 갈 수 있다. 요양병원은 규칙적인 합숙생활을 하다 보니 다소 불편해도 오히려 건강에 도움이 되고 언제든지 진료를 받을 수 있어 가족들이 번거롭지 않은 장점이 있다. 또한 동병상련이라는 말처럼 늙어 부실한 몸으로 만나게 되니 서로를 잘 이해하여 외롭지 않고 나아가 서로 잘 도와서 많은 위로를 받는다. 인생의 말년에 만난 노년의 친구로서 머나먼 하늘나라 여행 친구이니 만큼 매우 소중한 벗을 사귈 수 있는 기회다. 그리고 수시로 찾아오는 자녀들의 면회를 즐거운 낙으로 기다리면서 모든 세속적인 근심 걱정을 떠나 순수한 신앙생활도 가질 수 있다. 그러므로 자택에서 혼자 집을 지키며 외롭고 쓸쓸하게 지내는 것보다는 오히려 친구가 있어 행복한 분위기가 될 수 있음을 간과해서는 안 될 것이다. 인간은 혼자는 살 수 없고 더불어 사는 존재이기 때문이다. 모두 맘먹기 나름이다. 늘 불만이면 지옥이고 반대로 항상 감사하면 천국이 된다.

7. 유언

- 가족들에게 일일이 쓴 편지나 육성 녹음
- 사회 적선 또는 시신 기증 등
- 기타 자기 인생의 회고담 또는 생활신조나 철학 등

8. 끝으로 완벽한 준비를 위해서 착안 사항 몇 가지를 추가하고 싶다.

- 임종 소망 : 특별히 죽고 싶은 장소, 임종 때 함께하고 싶은 사람, 임종시 종교의식, 임종 시 듣고 싶은 음악, 장례식 때 듣고 싶은 성가 제목.
- 임종 시 통증 치료 : 의식이 없어져도 가 또는 불가 또는 어느 정도는 견디면서 깨어있길 바람.
- 내 몸의 처리 : 망자가 특별히 원하는 처리 방법. 원하는 장례식장이나 화장장, 묘지나 매장지.
- 기타 특수한 사항 : 보호 또는 폐기해야할 기밀 정보나 서류의 보관 장소 등 관리하고 있는 고객이나 약속 슬로건 등 유무형의 문화나 종교적인 것, 타인 아무개의 인격 대리인 등.
- '사전연명의료의향서' 작성에 관하여
  ① 임종에 임박해서 생명 유지 장치가 단지 죽음의 순간을 늦추기만 할 뿐이라면: ( )나는 경관영양을 원한다. ( )나는 의사가 권하는 경우만 경관영양을 원한다. ( )나는 경관영양을 원하지 않는다.
  ② ( )나는 적용가능한 모든 생명유지 장치를 원한다. ( )나는 의사가 권하면 그리한다. ( )나는 어떠한 유지 장치도 원하지 않는다.

그리고 영구적인 의식불명, 중증 진행성 질환, 막대한 고통 등에서도 같은 선택지가 나올 수 있다.

※ 또한 참고로 전신 마취 하에 하는 큰 수술이 아니어도 삶의 질을 깊이 생각할 수 있는 시술과 그 증세를 여기에 적어본다.

[통증과 다양한 고통으로 정상생활 불가, 거동 불편, 신체적 무력감, 가족에 대한 부담, 인공영양 및 수분 공급용 코 호스, 기도삽관, 위나 방광 조루, 인공항문, 휴대용 호흡기, 정맥주사용 각종 링거 라인, 욕창 통증 및 드레싱, 방광도관 삽입, 관장, 손으로 먹여주는 일, 인공호흡기, 3일마다 투석, 산소호흡기, 항생제 투여 및 부작용의 고통, 심한 치매로 인한 소통은 물론 가족도 알아보지 못하는 인사불성 상태 등 질병에 따른 고통은 일일이 헤아릴 수 없이 많고 그 의료행위를 할 때마다 물론 고통이 따른다.]

※ 사전연명의료의향서를 작성한 것으로 끝이 아니다. 좀 더 준비할 것이 있다.

가족이나 대리인에게 분명히 할 것이 있다. 그들은 망자의 뜻을 백분 이행해야 할 것이며 가족 중에도 망자의 의견을 따르지 않는 자녀는 당연히 배제해야 한다. 의향서는 서랍에 숨겨둬서는 안 되고 수시로 날짜를 바꿔서 사망 당일에 가까워야 한다. 너무 오래되면 무시하기 쉽다. 사본도 몇 개 만들어서 신뢰할 만한 친척이나 친구에게 제공하면 좋다.

특히 의사가 작성한 연명의료계획서는 법적인 효력도 있어 더 확실하다. 자녀가 의사면 평소에 한 말대로 다 들어주겠지만 친척 의사가 있어도 도움을 청할 수 있으니 더 편리할 것이다. 또한 아주 믿을 만한 친구나 선후배에게 항구적 의료관리 위임장을 작성하여 도움을 청할 수도 있다.

※ 현재 한국은 어디까지 와 있는가

'웰다잉, 이젠 안락사-의사조력자살 입법화 논의할 때'

＊이 글은 2022.5.25. 중앙일보에 난 기사에서 발췌한 것임.

1,000명 면접 설문(안락사. 의사조력 자살 입법화) 응답 결과 :

1) 매우 동의함 ············ 61.9%

2) 동의함 ·················· 14.4% → 1)+2)=76.3%

3) 동의 안 함·············· 21.7%

4) 매우 동의 안 함 ······ 2.0% → 3)+4)=23.7%

한국은 20여 년 논쟁 끝에 2018년 2월 무의미한 연명의료중단을 합법화 했을 뿐 안락사는 허용하지 않는다. 심폐소생술 인공호흡기 수혈 등의 연명의료행위를 하지 않아도 의사와 가족을 처벌하지 않는다. 이후 21만 2,881명(4월 기준)연명의료중단을 이행하고 세상을 떠났다. 연명의료행위 유보 또는 중단은 소극적 의미의 안락사로 분류하기도 한다. 이제 죽음에 대한 인식이 많이 달라져 점차 안락사 쪽으로 나아가고 있는 분위기다. 위 표는 2021.3월~4월에 서울의대 가정의학과 윤영호 교수팀이 19세 이상 성인 1,000명을 대상으로 면접 조사한 결과다. 여기서 천 명 중 76.3%가 안락사에 찬성한다는 것은 2016년 조사(50%)에 비하면 약 1.5배는 되는 셈이다. 특히 찬성하는 이유로는 가)남은 삶의 무의미(30.8%), 나)좋은(존엄한) 죽음에 대한 권리(26.0%), 다)고통의 경감(20.6), 라)가족 고통과 부담(14.8%) 등이었다. 윤 교수는 "독거노인 공동 부양, 성년 후견인, 장기기증, 유산 기부, 인생 노트 작성 등의 서비스를 제공하는 넓은 의미의 웰다잉 체계가 시급하다."고 말했다.

고윤석 서울아산병원 호흡기내과 자문 교수는 "드물게 안락사* 를 요청하는 환자가 있긴 하다. 1인 가구 증가 등으로 이런 요구가 점점 더 증가할 가능성이 있다. 하지만 사회적 분위기가 형성된 후에 논의가 진행돼야 한다"고 말했다. 허대석 서울의대 명예교수는 "대만이 2019년 지속적 식물인간과 중증 치매 환자를 연명의료중단 대상에 포함했는데 우리도 이것부터 먼저 논의해서 결론낸 후 의사조력자살 논의로 넘어가야 한다."고 말했다. 유은실 울산의대 명예교수는 "의사조력자살 논의를 시작할 때가 됐다. 다만 용어를 분명하게 정의해 논의해야 한다."고 말했다. 이제 우리나라도 죽음에 대한 인식이 서구 선진국을 따라가는 추세다.

※ 조력사에 관하여

조력사는 죽어가는 사람에게 스스로 죽을 수 있는 수단을 제공하는 행위다. 조력사를 나타내는 용어는 실로 다양한데 조력에 의한 죽음, 의사 조력 죽음, 조력 존엄사 조력 자살 등 여러 가지다. 뭐라고 부르든지 조력자살보다는 올바른 용어다. 우리가 일반적으로 이해하는 자살과는 다르기 때문에 조력사라는 말이 제일 적합하다고 생각한다. 안락사라는 말은 좋은 죽음을 뜻한다. 불쌍한 마음에서 사람이나 동물을 죽이는 행위다. 끔찍한 고통에 시달리거나 불치병에 걸린 사람이 그 대상이다.

---

*안락사 : 의사가 독극물을 주사해 환자가 숨지는 방식이다. 네덜란드 벨기에 등이 허용한다. 의사가 독극물을 처방하고 환자가 먹는 의사조력자살도 안락사이다. 미국 오리건 워싱턴 등 10개주가 허용한다. 연명의료중단은 약을 먹는 게 아니라 의사가 불필요한 행위를 하지 않는 것을 말한다.

일부 국가에서 안락사를 합법화했지만 정확히 말해서 대부분 의사 조력죽음이다. 의사나 대리인이 독자적으로 선택한 것이 아니고 죽어가는 사람이 의식적으로 도움을 요청하는 선택이다. 조력사의 경우 가장 흔한 병은 (미국의 오리건주) 암과 근위축성 측삭경화증(amyotrophic lateral sclerosis, ALS)이다. 법에 정한대로 환자는 가족이나 관계된 사람들이 지켜보는 가운데 약물을 독자적으로 복용할 수 있어야 하고 대개는 수면제, 세코날이나 세코바르비탈 같은 약물이 사용된다. 캐나다에서도 수년간 논쟁을 벌인 끝에 조력사가 합법화되었다. 네덜란드에서는 전체 사망자 가운데 2~3%가 조력사로 죽음을 맞는다고 한다.

그런데 의사에 따라서 자기의 도덕이나 종교적 신념으로 조력사를 반대하는 사람이 있어 어쩔 수 없이 협조하는 의사를 찾아가야 하므로 환자로서는 하나 더 어려움이 있다. 조력사에 관한 논의는 단지 이론으로 그치지 않고 누구나 언제든지 그런 선택에 직면할 수 있다는 것을 잘 알고 있어야 하며 또한 본의 아니게 법적으로 악용될 소지가 남아 있다는 것도 유념해야 한다. 어쨌든 죽음은 매우 신중히 생각해야 한다. 이승의 삶이 기나긴 영혼의 지극히 짧은 순간이라면 더욱 더 그렇다. 앞 제목 [영혼에 대하여]에서 말한 엘리자베스 퀴블러로스의 말을 다시 인용한다. "사후 세계는 믿음의 문제가 아니고 앎의 문제다. 죽음이란 고치를 깨고 나오는 나비와 같은 것이다. 육체가 영혼을 붙잡을 수 없을 정도로 망가지게 되면 영혼이 완전히 벗어나게 된다. 육체는 영원불멸의 자아 곧 영혼을 감싸고 있는 껍질이다. 이승의 삶은 그대의 전 존재 기간 중에서 지극히 짧은 순간에 지나지 않으며 조건 없는 사랑을 배우는 아주 중요한 학교이고 죽음은 그 마지막 수업이다. 졸업성적은 하느님께서 오로지 인간에게만 허락한 자유의지를 가지고 생각과 말과 행동으로 시간을 얼마나 선용했느냐는 것, 곧 조건 없는 사랑을 얼마나 베풀었느냐에 달렸다."

이상으로 저승길 로드맵을 모두 끝마치려고 한다. 이 외에도 사람마다 필자가 미처 생각하지 못한 여러 가지 준비할 것이 더 있을 것이다. 아래 세 분의 글은 최근 천주교 서울 주보에 실린 것으로 존엄사에 대하여 독자들에게 참고가 될 것 같아 여기에 옮겨 보았다.

① 나에게 죽을 권리가 있을까요?

하느님께서는 세상 만물을 창조하셨습니다. 그러므로 인간을 포함한 이 세상 모든 피조물의 주인은 하느님이십니다. 특히 인간은 하느님과 특별한 관계를 맺고 있기 때문에 인간 생명은 신성합니다. 하느님만이 인간 생명의 시작부터 끝까지 그 권리를 갖고 계시기에 어느 누구도 그 권리를 침해할 수 없습니다.

그런데 사람에게도 죽음을 선택할 권리가 있다고 말하며, '존엄사'라는 이름으로 치료가능한 중환자의 치료를 포기하거나 죽음을 일부러 앞당기는 경우가 종종 있습니다. 의료기기에 연결된 침상에 누워서 일어나지도 못하거나, 간병인에게 일상의 매 순간을 의존해야하는, '존엄하지 않은' 삶을 살고 있다면, 인간의 존엄을 지키기 위해서라도 죽음을 선택할 수 있다는 것입니다. "의식이 없는 식물인간이기 때문에 영양공급을 중단하여 죽도록 하는 것이 차라리 인간적이지." "말기 환자가 존엄하게 죽을 수 있는 권리를 박탈해서는 안 돼." 이처럼 고통이 심한 말기 환자가 의료인의 도움을 받아 고통을 빨리 끝내고 편안하게 죽는 것이 '자비'를 베푸는 일이며, 최선인 것처럼 주장하기도 합니다. 어떤 이들은 중환자와 같이 '삶의 질'이 낮은 사람의 생명은 포기하는 것이 더 낫다는 생각도 합니다. 그러나 그런 태도는 개인의 생명권에 대한 침해일 뿐 아니라 생명의 주인이신 하느님께 대한 심각한 도전입니다.

인간의 생명은 어떤 조건 때문이 아니라, '인간이라는 그 사실' 때문에 고유하고 존엄한 가치를 지닙니다. 삶의 질로 인간을 평가하려는 모든 시도는 인간을 물건처럼 여기고, '존재가치'를 '소유가치'로 전락시켜 버리는 것이다.(생명의 복음 23항 참조). 모든 사람은 태어나는 그 순간부터 죽음을 향해 달려가는 존재라 하더라도 인위적으로 인간의 생명을 단축시키는 모든 행위는 살인죄에 해당합니다(가톨릭교회 교리서 2277항 참조). 다만 치료가능성이 없는 가운데 죽음의 과정만 연장하는 무의미하고 과도한 의료를 중단하는 것은 정당합니다. 이것은 죽음을 앞당기려는 의도 없이 자연스럽게 다가오는 죽음을 수용하는 일이며, 호스피스 완화의료로 가족과 함께 생의 말기를 의미 있게 마무리하는 시간으로 이어집니다.

삶과 죽음, 모두를 주관하시는 사랑과 생명의 하느님께 희망을 두고 영원한 생명을 믿으며, 지상의 삶을 마무리하는 것이 그리스도인의 죽음의 모습이어야 합니다. 그리스도인에게 죽음은 본인이 선택할 수 있는 것이 아니라 하느님의 부르심을 겸허하게 받아들이는 것이며, 사랑의 하느님께 자신의 삶을 온전히 맡기고 영원한 생명으로 나아가는 과정임을 기억해야 하겠습니다.(하성용 유스티노 신부, 서울대교구 사회사목국 부국장, 서울주보, 2021.12.12.)

② 진정으로 '존엄한 죽음'이란?

지난 '22.6.15. 안규백 의원은 견디기 어려운 고통을 겪고 있고 회복을 기대하기 어려운 말기 환자가 본인이 희망할 때 의사의 도움을 받아 스스로 생을 마감할 수 있게 한다는 취지로 소위 '조력 존엄사법'을 발의하였습니다. 이에 대해서 서울대교구는 다음과 같은 입장문을 발표했습니다.

천주교 서울대교구 생명위원회는 최근 발의된 의사조력 자살(안락사) 법률안에 심각한 우려를 표하며, 인간 생명은 마지막 순간까지 스스로이든 타인에 의해서든 침해할 수 없는 신성함을 지니고 있음을 강조합니다. 말기 환자의 견디기 어려운 고통을 줄이고, 존엄하고 품위 있는 임종을 돕기 위해 필요한 것은 공동체의 관심과 돌봄이지 그 생명을 단축시키는 행위가 아닙니다. 의사 조력 자살은 우리 사회가 경제적 효율성만을 추구하며 인간적인 관심과 돌봄의 문화를 잃어버린 결과일 뿐, 결코 인간의 존엄을 실현하는 길이 아닙니다.

더구나 이 법안에는 가족에게 경제적 부담을 주지 않기 위해 "원하지 않는 결정"을 초래하는 등의 오남용이나 부작용의 위험도 존재합니다. 우리는 정부가 말기 환자들이 겪고 있는 어려움을 이겨내기 위한 대안으로 호스피스와 완화의료의 지원을 확대하여 환자가 고통 없이 마지막 순간까지 인격적 돌봄을 받을 수 있도록 정책과 법률을 만들기를 촉구합니다.

'조력 존엄사'라고 미화된 표현이 사용되었지만, 이것은 '의사조력 자살'로 교회가 살인 행위로 단죄하는 안락사에 해당합니다.(가톨릭교회 교리서 2277항) 법안이 강조하는 인간의 '자기 결정권'은 자신의 죽음까지도 선택할 수 있는 무제한적이 아닙니다. 삶과 죽음에 대한 권능은 하느님께만 속하기 때문입니다.

이 법안은 국민의 76% 이상이 의사조력 자살에 찬성한다는 설문을 근거로 내세우지만, 응답자들이 말한 '남은 삶의 무의미함', '좋은 죽음에 대한 권리', '고통의 경감', '가족의 고통과 부담', 등의 문제는 '안락사'가 아니라 마지막 순간까지 인격적 돌봄을 받을 수 있는 정책의 마련으로 해결해야 합니다. 비록 큰 고통 중에 있는 말기 환자라도 자신과 가족들에게 과도한 정신적, 경제적인 부담 없이, 자연적인 죽음에 이르기까지 통증 완화치료와 정서적이고 영적인 도움을 받으면서 마지막을 준비하게 하는 '호스피스' 제도의 혜택을 받을 수 있다면 굳이 자살을 선택할 이유가 없습니다. 죽음은 신자들에게는 하느님 나라의 영원한 생명으로 나아가는 전환점입니다. 생의 마지막에 맞는 고통의 시간을 주님께 봉헌하며, 지난날을 성찰하고 가족친지들과 함께 사랑과 화해와 용서의 시간을 보내며 다가오는 죽음의 시간을 의연하게 받아들이는 것, 이것이 진정으로 의미 있고 존엄한 죽음이 아닐까요?(천주교 서울주보, 2022.9.4. 박정우 (후고 신부 생명위원회 사무국장)

③ '존엄한 죽음'이라는 이름으로 저지르는 죄
– 영화 '아무르(Amour)'의 내용을 중심으로

(중략) '요양병원에서 쓸쓸하게 혼자'가 되는 것이 슬프고 두려운 고령화 사회에서 아내의 소망(80대의 아내가 남편에게 전신마비로 손가락 하나 움직일 수 없는 무의미한 삶으로 더 살 이유가 없으니

병원에 데리고 가지 말라는 당부)은 별난 것도 아닙니다. 남편은 그 소망을 들어줍니다. 그리고 혼자서 아내를 돌봅니다. 그 고통과 절망적인 모습은 '내 집에서 편안히 품위 있게 보내기'는 쉽지 않다는 것을 잘 보여주고 결국 비극적인 선택으로 끝을 맺습니다. 그것은 평소 아내가 원했다고 하여 결코 존엄한 죽음이라고 할 수 없습니다.

안락사 합법화에 반대하는 서울 대교구의 입장문은 주님께서 왜 생의 마지막에 병이라는 고통의 시간을 주는지 말해줍니다. '그 시간을 주님께 봉헌하며, 지난날을 성찰하고 가족 친지들과 함께 사랑과 화해와 용서의 시간을 보내며 다가오는 죽음의 시간을 의연하게 받아들이는 것'입니다. 그것이 진정으로 영원한 생명을 향해 나아가는 의미 있고 존엄한 죽음이라고 했습니다.(천주교 서울주보, 2022.10.2. 이대현 요나 국민대 겸임교수, 영화평론가)

〈영계탐험〉 천국관광 회원모집

— 전국 요양병원 입원 환자들을 위한 특별행사

목적지 : 천국, 상계 중계 하계

경비 : 무료

출발 시간 : 자유

출발 장소 : 자유(각자 자기 생활공간)

복장 : 평소 복장

준비물 : 없음. 단 불우이웃돕기 적선은 대환영

* 천국 여행은 한 번 가면 다시 돌아 올 수 없으나 이번 기회에 한하여 특별히 허용함. 지옥 여행은 돌아올 수 없어 계획하지 않음.

특별 초빙 여행 가이드 및 해설 : 스베덴 보리(스웨덴)

1. 가이드 소개

1688년 스웨덴에서 태어난 임마누엘 스베덴 보리는 자신을 죽음의 상태로 몰아넣음으로 육체를 이탈한 후 영계를 탐험하고 이전에 죽은 영혼들과 대화를 나눴던 인물입니다.

그가 쓴 영계탐험 저서는 세계 수많은 나라 언어로 번역되었고, 죽음이후에 어떤 일이 일어나는지에 대한 안내서 역할을 해 왔습니다.

스베덴 보리의 '영계의 저술'은 몇 천 페이지에 이르는 방대한 것인데 그 대부분은 런던의 대영박물관에서 보관하고 있습니다.

스베덴 보리는 다양한 경력의 소유자입니다. 처음에는 과학자, 광산기사로 일하다가 후는 상원의원으로 일했고, 그의 생애 후반엔 심령학 연구에 몰두해 철학자 혹은 신비주의자로 알려진 인물입니다.

티벳의 사자의서와 함께 스베덴 보리의 영계탐험 서적은 사후세계에 대한 우리의 궁금증을 풀어주는 고전으로 통하고 있습니다. 책 내용 중 일부 중요한 부분만 살펴보도록 하겠습니다.

2. 가이드가 미리 가본 천국

1) 영계로 가는 사자(死者)의 길

(1) 죽음의 기술

육체를 이탈한 뒤 아직 그 육체와의 거리가 멀어지지 않는 단계에서는 나의 영은 방금 이탈한 스스로의 육체를 역력히 볼 수가 있을 뿐 아니라 어느 정도 육체에 대한 지배력을 지속한다. 그 상태를 적어보면 다음과 같다.

"나의 영혼은 육체를 벗어나서 20~30미터 가량의 높이로 나직이 떠 있었다. 아래를 굽어보니 침대에 누워있는 나의 육체가 보였다. 내가 육체적 시각에서가 아니라 영의 시각으로 보고 있다는 것은 이 사실만으로도 알 수가 있을 것이다. – 육체적 시각이었다면 지붕 밑에 있는 나의 육체나 침대는 볼 수가 없었을 게 아닌가? – 나의 육체는 그때 침대 모서리에 목덜미가 닿아 있었다. 영으로서의 나는 허공에서 생각했다.

〈저래 가지고는 목이 아플 텐데, 혹시 질식이라도 하는 것이 아닐까? 몸이 틀어져 바로 눠지 않으면 안 되겠다〉

나의 영이 그렇게 생각하자 나의 육체는 몸을 틀어 목덜미를 침대 모서리에서 벗어나도록 움직였다. 이 순간의 나의 육체는 누구의 눈에도 죽은 시체로 밖에는 보이지 않았을 것이다. 때문에 혹 누군가가 그 자리에 있었다면 죽은 시체로밖에 보이지 않던 육체가 움직이는 것을 보고 대경실색하여 심장이라도 얼어붙을 지경이었으리라. 이 상태로부터 다시금 더 나아가서 나의 영이 나의 육체를 거의 의식할 수 없게 되면 나의 영은 완전히 육체에서 이탈하여 영계의 어느 곳이나 자유롭게 드나들며, 많은 영과 자유로이 어울리게 되는 것이다.

내가 살아 있음에도 불구하고 영들과 사귀고 영계에서 일어나는 가지가지의 일들을 보고 듣고 해서 돌아오게 된 것도 이러한 방법으로서였다.

[〈역자주〉 스베덴 보리가 다른 사람의 출입을 금지하고 자기 방에 틀어박힌 채 며칠씩 식사를 걸렀다는 사실은 유명한 일화로 전해진다. 런던에 머물고 있을 때 그의 하숙집 주인은 그러한 그를 무척 수상하게 생각했음인지 그 기록이 현재에도 남아 있다. 또 그가 방에 틀어박혔던 기간은 2~3일에서 10일에 걸친 것이라고도 했다. 현대에 들어오면서 의학 발전과 함께 심장마비 혹은 교통사고로 실제 의사로부터 죽음을 선고 받았다가 다시 깨어난 사람들의 경우가 점점 늘어나고 있습니다. 죽음을 경험하고 다시 살아난 사람들 중에서 천국 혹은 영의 세계를 경험했다고 보고하는 사례들 역시 수백 건이 넘습니다.

죽음을 경험한 사람들 중 상당수는 자신이 몸 밖에 나와 자신의 시체를 공중에서 바라보았다고 합니다. 의사가 간호원들과 어떤 말을 주고받았고, 어떻게 수술했는지 자세하게 설명하는 경우도 있습니다.]

앞에서도 잠깐 말한 바와 같이 인간의 육체의 죽음이란 이승에서 모든 일에 대한 종말을 의미한다. 그러나 죽음은 영의 입장이나 영계의 측면에서 본다면 단지 육체 속에 깃들고 있던 영, 즉 육체를 이 세상을 살아가는 도구로써 사용해온 영이 육체의 사용을 그치고 영계를 향해 여행길에 오르는 것일 뿐이다. 죽음이란 영으로 볼 때에는 영계에 오르는 여로(旅路)에 지나지 않는 것이다.

그럼 이런 견해에 대한 예를 조금 더 상세히 설명해 보기로 하자. 인간이 죽으면 그 육체에 살고 있던 영은 영계로 여행길에 오르게 되는데, 그렇게 되기까지는 보통 이승의 시간으로 따진다면 보통 2~3일이란 시간이 걸린다. 죽음과 동시에 육체 속의 영은 비로소 눈을 뜨는데, 이 일을 알아차리고 영계로부터는 다른 영(안내 역할을 하는 영)이 사자의 영을 찾아온다('임종내영').

이는 영끼리의 감응(感應)에 따라 일어나는 결과이다. 그리하여 영계로부터 찾아온 인도하는 영과 사자의 영은 죽은 사람의 육체가 있는 장소에서 서로의 상념(생각)의 교환을 시작한다. 이 교환에 관한 일은 따로 자세히 말하겠으나 어쨌든 이 교환은 죽은 사람의 새 영이 장차 영원한 삶을 보내기 위한 매우 중요한 준비의 한 단계를 이룬다.

앞에서 말한 사후 2~3일간은 죽은 사람의 영이 아직 육체에 남아 있는데 그 이유는 바로 이 상념의 교환을 위해서이다. 그리고 그 동안에 죽은 사람의 영은 죽은 육체 속에서 조용히 소리 없이 영의 호흡을 지속하며 또한 영으로서의 생각에 잠기게 된다. 죽은 자도 생각을 하는 것이다. 죽은 사람의 영과 인도하는 영과의 상념의 교환이 어떻게 이루어지는가에 대해서는 다음에서 말하기로 한다.

(2) 죽은 뒤에 시작되는 영과의 대화

제프는 가족의 정성어린 간호에도 불구하고 마침내 저승길로 떠났다. 슬픔에 한숨짓는 사람들에 둘러싸여 그의 시체는 이승에서 모든 일을 마쳤다는 듯이 고요히 영면(永眠)하였다. 제프가 이 세상을 하직한 지 몇 시간이 지났다. 제프의 둘레에는 그의 죽음을 애통해 하며 눈물을 흘리는 많은 사람들이 둘러싸고 있었다.

제프. 죽은 자가 된 제프는 이때 불현듯 무엇인가 깨달은 바가 있었다. 그리고 그는 생각했다. 〈나는 분명히 조금 전에 죽었을 것인데? 사람들이 내 손을 잡고 마지막 이별이라고 하면서 눈물을 흘리지 않았던가? 그것은 꿈이었단 말인가?〉

그러나 그렇게 생각하면서 그가 주변을 살펴보았으나 그곳에는 이미 사람들의 모습도, 그가 오래 살아오던 낯익은 방도 그의 눈에는 보일 까닭이 없었다. 분명히 방에는 사람들이 함께 있건만 제프는 같은 방에 있으면서도 죽은 자로서 누워 있어 이미 별개의 세계로 들어가려는 영이었기 때문이다.

그러나 제프의 의식 속에 이러한 마음이 솟아난다는 것은 제프의 영으로서의 깨달음이 시작되었다는 것을 보여 주는 것이다. 제프는 자기가 살아 있다는 것을 자각한다. 그렇다고 해서 그에게는 그 육체의 눈을 뜨고 둘레에 서있는 사람들을 본다든지 입을 열어 말을 건다든지 하는 일은 할 수가 없다. 그러면서도 한편으로는 자기가 영으로부터의 조용한 호흡을 소리 없이 계속하고 심장도 고동치는 것을 느끼기 시작한 것이 분명하다.

이윽고 제프는 영으로서의 의식 속에서 놀라움의 소리를 지르고 숨막히는 일을 겪었다. 그는 눈앞에서 아직 희미하나마 그 때까지 보기는커녕 상상조차도 못했던 세계가 펼쳐지기 시작했기 때문이다.

〈무언가 지금까지의 세계와는 전혀 별도의 세계로구나. 확실히는 알 수 없으나 이것이 바로 사후의 세계인지도 모른다.〉

그는 죽음의 수렁에서 이렇게 중얼거리고 있을 것이다. 그의 시야에는 희미하지만 넓은 평원처럼 보이는 경치 그리고 건너편 기슭이 보이지 않는 큰 강, 엷게 하늘에 빛나고 있는 태양 같은 것, 어쩐지 인간을 방불케 하는 생물 - 그러나 아지랑이처럼 희미한 모습이지만 - 이 자유롭게 그 세계의 하늘을 날고 있는 듯한…. 그런 불가사의한 세계가 보이는 듯한 느낌이 든다.

그리고 얼마 후 제프는 몽상이라고 할까, 환상이라고 할까 도무지 분간할 수 없는 생각에서 깨어났다. 그는 자기 바로 앞에 그때까지도 상상도 못했던 두 그림자가 나타나 바로 앞에 다가앉은 것을 보았기 때문이다. 영계로부터 인도하는 영이 나타난 것이다.

이끌어주는 영은 제프가 자기들의 존재를 알아차린 것을 알자 제프의 얼굴을 지그시 눈여겨보았다. 이에 응해서 제프 안에서 눈을 뜬 영 - 정확히는 아직 정령(精靈)이지만 - 도 제프 자신은 깨닫지 못하고 있는 지도 모르지만 인도하는 영에게 얼굴을 돌렸다. 영끼리의 사이에서는 얼굴을 마주치는 것만으로도 충분히 상념의 교류가 되는 법이지만, 제프의 정령은 아직 그렇지가 못하다. 그래서 인도하는 영은 제프의 정령을 영으로서의 눈을 뜰 수 있도록 도와주려고 했다.

영으로서의 상념을 스스로 받아들인 제프의 정령은 이때에 분명히 자기가 죽은 것이 아니라 살아 있다는 것을 자각하기에 이른다. 인도하는 영은 이때에 제프의 정령에게 영계의 말을 전했다. "그대는 이제 정령이 되었다. 지금부터는 영으로서의 영원한 삶을 영위하라." 이제는 제프의 정령도 자기를 안내하러 온 영의 말뜻을 역력히 알아들게끔 되었다. 인도하는 영과 제프의 정령 사이에 상념의 교환이 이루어진 것은 이때부터였다.

인도하려온 영이 물었다. "그대는 인간으로 있을 때에 어떠한 생애를 보냈는가?" 이 물음에 대하여 제프의 정령은 육체를 가진 인간 시절의 생애를 더듬어 두세 가지 이야기를 들려줌으로써 족했다.

"영계에는 허다한 단체가 있다. 지금 그대에게 이를 보여 주리라." 안내를 맡은 인도하는 영은 이렇게 말하자 지금까지 제프의 영이 볼 수 없었던 영계라든가 그곳에서 영원한 삶을 보내고 있는 많은 영의 모습이 눈에 띄기 시작했다. 그러는 동안 인도하는 영은 제프의 정령이 짓는 얼굴의 표정을 응시하고 조그마한 얼굴의 변화도 놓치지 않을세라 눈여겨보고 있었다.

영계에는 뒤에 언급하겠지만 수없이 많은 단체가 있다. 영들은 빠짐없이 자기에게 가장 알맞은 단체에 소속되어 영원한 삶을 누린다. 인도하는 영이 나타나 사자의 영과 상념의 교환을 갖는 것도 실은 그 사자의 영이 인도해 주는 영과 같은 단체에 속할 만한 성질을 지니고 있는가를 알고자 함에서였다.

[〈역자 주〉 종교를 가지고 있거나 죽음 이후 영적 세계가 있다고 믿는 사람들은 상대적으로 좀 더 빨리 영계에 적응을 하고 반대로 무신론자 혹은 죽으면 끝이라고 굳게 믿는 사람들은 그의 신념 때문인지 몰라도 죽은 후 영계 적응이 상대적으로 매우 느리고 힘들어 한다고 합니다.

혹시 종교가 없거나 죽으면 끝이라고 굳건하게 믿고 있는 분이 계시다면, "죽으면 끝이겠지만, 그래도 혹시 1% 정도는 죽음 이후에 다음 생이 있을지도 모르겠구나..." 하는 정도의 여유와 틈새는 남겨 두시길.

이 땅에서도 보면 동물세계나 인간세계나 전부다 서로 비슷한 부류 혹은 비슷한 성질을 가진 사람들끼리 모여서 살고 있습니다. 저는 개인적으로 "무리의 법칙"이라고 명명했습니다. 그런데 이 무리의 법칙은 죽음 이후 저세상에서도 그대로 적용되는 것 같습니다. 저세상에서는 각 영혼의 인격, 인품, 성질, 취미, 본질 등이 비슷한… 하여튼 서로 기질과 성품이 비슷한 사람들끼리 모여 산다고 합니다.

스베덴 보리에 의하면 영계는 죽은 후 잠깐 머무는 정령의 세계를 중심으로 3개의 천국과 3개의 지옥(혹은 하급의 영계)로 나뉜다고 합니다. 하나님이 천국 혹은 지옥으로 보내는 것이 아니라 영혼 스스로 자신의 영혼상태에 알맞은 곳으로 찾아간다고 합니다. 진리와 사랑 그리고 빛을 좋아하는 사람은 위쪽으로 어둠, 더러움, 추악함을 좋아하는 영혼들은 영계의 태양을 피해 스스로 어두운 곳을 선호해 내려간다고 합니다.]

한 걸음 더 나아가서 제프의 예에서 말한 "사자의 영과 인도하는 영과 상념의 교환"에 관해서 설명을 보충해 보기로 한다.

우선 우리가 첫째로 의문을 품게 되는 것은 영계의 말을 익혔을 까닭이 없는 제프의 정령과 영들 사이에 이미 말을 통하고 있다는 사실이다. 이 비밀은 다름이 아니라 영계의 말은 영들이 배워 익히

지 않더라도 마음에 생각이 떠오르면 저절로 말이 되어 상대방에게 통하기 때문이다. 또한 인도하는 영이 인간으로서의 제프의 생애에 대해서 질문한 것은 인간세계에서의 생애 속에는 영이 된 제프의 성질을 알 수 있는 많은 열쇠가 포함되어 있기 때문이며, 인도하는 영은 그것을 알아야만 장차 제프의 영이 속해야 할 영계의 단체를 판단할 수 있는 참고로 삼을 수 있게 된다.

또 우리가 가장 괴상하다고 느낀 것은 앞의 예를 든 가운데 두 번 정도 나온 표상(表像), 즉 심볼이라고 생각한다. 표상이라고 하면 한 가지 일을 무엇인가 공통점을 암시하는 다른 심볼로 나타내는 것이며, 가령 붉은 색은 정열을, 흰색은 순결이라고 하듯이, 표상은 이승에서도 사용되고 있다. 또 제프의 얼굴에 덮여 있던 엷은 천을 벗기는 듯한 기분을 느끼게 함으로써 제프의 정령이 이미 인간계를 벗어나 그 생각이 영적인 것으로 바뀌었다고 가르쳐준 인도하는 영이 취한 표상 등은 아직도 이승에서 사용하고 있는 표상 방법이다.

그러나 영계의 표상에는 인간의 상상을 초월한 표상이 많다. 방금 든 예를 보아도 알 수 있듯이 제프의 정령에게 영계의 모습이나 영계 단체가 뚜렷이 보인 것도 인도하는 영이 표상이라는 방법으로 볼 수 있게 한 것이지만 영계의 놀랄 만한 표상에 관해서는 차차 알게 될 것이다.

제프의 영은 이렇게 하여 어느 영인지는 모르지만 어쨌든 어느 영에 의해서 인도되어 간다. 사자의 영(정령)은 영원히 삶을 보내게 될 영계로 떠나기 전에 우선 정령계로 안내되는데 그 정령계로 인도되는 과정에 대해선 다음에서 말하기로 한다.

[영계에서는 말로 서로 소통하는 것이 아니라 생각만 해도 서로의 뜻이 전달된다고 합니다. 그것도 인간 언어보다 훨씬 더 정확하게 그리고 감정과 느낌까지도 함께 전달된다고 합니다. 뿐만 아니라 위에서 언급한 표상 혹은 시각적 영상이 보여 총체적이고 입체적으로 뜻이 전달된다고 합니다.]

(3) 정령의 세계 정령계

이 세상의 인간이 죽어서 가는 가장 가까운 곳이 바로 정령계(精靈界)이다. 인간은 죽은 후 즉시 영이 되는 것이 아니라, 일단 정령이 되어 정령계로 들어간 후 다시 영계로 올라가 그곳에서 영원한 삶을 보내는 영이 된다. 정령이 인간과 영과의 중간적인 존재인 것처럼 정령계도 인간세계인 이승의 물질계, 즉 자연계와 영계사이의 중간이 되는 세계이다.

정령계는 얼마나 넓고 큰 것인지 그곳을 드나든 나 자신도 알 수 없을 정도로 너무나도 넓고 큰 것이어서 매일매일 몇 만 아니 몇 십만이라는 인간이 육체의 삶을 끝마치고 정령계를 들어가는 것만 보아도 그 광대함을 가히 짐작할 것이다. 정령계는 영계임은 틀림없으나 아직은 여러 가지 점에서 이승과 비슷한 점이 많다.

영은 대략 다음과 같이 정령에게 알려주었다. 인간은 원래 영과 육체로 이루어져 있음으로 육체만이 인간이라고 생각하는 것은 단순한 잘못된 생각이라는 것이다. 그리고 육체가 죽으면 영은 정령이 되어 정령계로 안내되어 그곳에서 영원한 삶을 위한 준비를 시작하는 것이다. 준비가 끝나면 영이 되어 영계로 가게 되고 그곳에서 영원히 영의 삶으로 들어간다는 것이다. 따라서 지금은 그때를 위한 준비 기간이라는 사실 등을 설명해준다. 그러나 이러한 설명에 대해서 놀라움을 표시하는 정령이 많다.

말하자면 인간은 육체가 죽으면 그것으로 모든 것이 끝장난 것으로 안다. 그리고 영계라든가 영이라든가 하는 것은 듣지도 못했다. 그러나 지금은 이렇게 죽었다고만 생각했던 자기가 살아 있음을 깨닫게 되면 어차피 자기의 종전까지 생각이 단순했다는 것을 인정하지 않을 수 없다. 하지만 그렇다고 해도 인간으로 있을 때엔 상상조차도 못했던 일이 잇달아 일어나므로 마음과 정신은 혼란할 뿐이라는 것이 이 정령들의 솔직한 감상이다.

(4) 정령계에서 영계로

우선 영계의 태양 – 그는 이에 대비해서 이 세상의 태양을 자연계의 태양이라고 말했다. – 아래에 존재하는 영원한 세계가 영계라는 것. 그리고 그 태양은 바로 내가 처음 보았던 가슴 높이밖에는 안 되는 태양이 그것이라는 것이었다. 영계의 태양은 영계의 전체에 비치어 태양처럼 빛과 열을 뿜어서 생명을 유지시킬 뿐 아니라 자연계의 태양에서는 볼 수 없는 영류(靈流)라고 하는, 눈에 보이지 않는 특수한 흐름을 영계에 방사한다는 것이다. 또한 영계가 이 세상과 특히 다른 점은 표상(表像)의 세계라는 점을 강조했다. 그리고 내가 경험한 불가사의한 체험도 표상의 세계인 영계에서는 극히 평범한 일상사에 지나지 않는다면서 그 이유를 설명해 주었다. 그의 설명은 계속된다.

먼저 내가 최초로 본 적갈색의 사막과 같은 세계라든가 아득히 보이던 바위산, 환상 속에 나오는 듯한 인물과 동물들은 어느 것이나 내 스스로가 무의식중에 그것을 보고자 희망했기 때문에 보이게 된 것이며, 그것은 현실에 존재하는 것이긴 하지만 보고자 하는 의사가 있고 볼 수 있는 능력 – 그는 이를 영시력(靈視力)이라고 했다 – 이 없는 영에게는 눈에 띄지 않는다는 것이다. 그래서 처음에는 내 눈에도 사막 비슷한 세계밖에는 보이지 않았고, 다음에 바위산들이 보이게 된 것은 조금이나마 나의 영시력이 영계에 다소 익숙해졌기 때문에 볼 수 있었던 것이라고 알려주었다. 또 도중에 이러한 광경이 한 번도 보이지 않게 된 것은 내가 다른 일을 생각했기 때문에 아직 발달하지 못한 영시력이 흐려져서 그렇게 된 것이니, 별로 이상히 생각할 것은 없으며, 마지막으로 이 광경을 다시금 보게 된 것은 실상 자기가 보게 해준 것이라고 설명하면서 의미심장한 표정으로 내 얼굴을 유심히 살폈다. 그리고 잠시 쉬었다가 그 까닭을 말해주었다.

영은 상대방 영의 머릿속에 있는 생각, 상념(想念)을 마치 자기의 생각처럼 감지할 수 있는 능력을 지니고 있다. 따라서 그는 내가 보고 있었던 광경을 자기 시야에 복사해 둔 것이다.

그리고 나의 시야에서 이러한 여러 가지 광경이 사라진 뒤에는 또다시 자기의 시야에 간직하였던 광경을 나의 상념 속에 투사하여 나로 하여금 그것을 볼 수 있게 해준 것이라고 말하였다.

거기다가 그는 영계의 태양만은 변함없이 나의 시야를 떠나지 않았던 이유에 대해서도 설명했다. 그것은 영계의 태양만은 다른 사물과 다른 존재이어서 표상의 대상이 아니라 모든 영계에 똑같이 존재하는 것이기 때문이라고 했다.

지금의 나로서는 그의 설명 전부를 완전히 이해할 수 있다. 그러나 사실상 그의 설명을 듣고 있을 때엔 반쯤은 알 듯 했고, 반쯤은 이해하지 못한 채 머릿속이 혼란하고 초조해질 뿐이었다. 나는 이 일이 있는 뒤 바야흐로 영계의 불가사의한 수수께끼 속에 깊이 말려들게 된 셈인데, 이에 관해서는 다음에서 소개하기로 한다.

[그러니까 영의 세계는 같은 곳에 있다고 해서 같은 것을 보는 것은 아닙니다.

(사실은 공간이나 시간을 초월하는 곳이기에 장소나 시간은 별 의미가 없습니다만…)

영의 세계에서는 내가 보고자 하는 것을 보게 됩니다. 보고 싶은 사람을 생각하면 그 사람이 바로 앞에 나타나는 것도 그 때문입니다.

또한 죽음을 통해 사후세계를 보고 온 사람들 가운데는 강력한 빛을 만난 경험을 한 사람이 많습니다. 지구에 태양이 비추면서 모든 생명에게 생명을 공급하듯, 영계에도 태양이 있다고 합니다.

기독교인들은 그 빛의 존재가 예수라고 말하는 경우가 대부분이고 비기독교인들은 강한 빛이지만 강력한 사랑을 느낄 수 있는 인격체였다고 말합니다. 어떤 경우엔 그 빛과 대화를 나누기도 합니다.

태양보다 수만 배 더 밝기 때문에 눈이 타버리거나 멀 것 같았다고 합니다. 그리고 그 빛 품에 안겨 상상할 수 없는 엄청난 사랑, 조건 없는 사랑을 경험하기도 합니다.]

2) 영계의 모든 것, 영계란 어떤 세계인가

내가 최초로 영계에 들어간 이튿날 아침이었다. 어디서인지 나를 부르는 소리가 들려오는 듯해서 잠을 깼다.

"그대 새로운 영이여, 새로운 영이여……."

그 목소리는 어제 영계에 들어서서 처음 들었던 목소리임에 틀림없었다. 그리고 어제와 마찬가지로 아득히 먼 곳에서 들려 왔었다. 나는 눈을 비비며 주위를 돌아보았다. 그러나 목소리의 주인공이 눈에 띄지 않는 것도 어제와 같았다.

"새로운 영이여! 눈을 떴는가?"

별안간 귓전을 울리는 큰 소리가 떨어지자 난데없이 그 영이 눈앞에 나타났다. 나는 그러한 갑작스런 출현이 비위에 거슬려 쏘아붙였다.

"당신은 내가 신참자(新參者)라고 너무 놀리지 마시오. 당신은 어찌하여 처음엔 먼 목소리로 멀리 있는 것처럼 속이고, 다음에는 느닷없이 눈앞에 나타나곤 하니, 장난이 심하지 않소?"

그는 빙그레 웃으며 대답했다.

"그토록 화를 낼 것은 없소. 나는 사실 먼 곳에 있었기 때문이오. 비록 지금 당신의 눈앞에 서 있긴 하나, 방금 아득히 먼 곳에서 당신에게 말을 건 것은 사실이오. 나는 방금 수천억 킬로나 되는 먼 거리에서 급히 달려 온 것이오."

나는 그를 노려보았다. 그러한 내 눈에서, 속이 들여다보이는 거짓말 따위는 늘어놓지 말라고 비난하는 낌새를 보았는지, 이렇게 말하며 내 기분을 풀어 주려고 했다.

"멀지 않아서 이 이상한 일을 알게 될 것이오. 지금은 당신의 어리석음을 탓하지 않겠소. 그럼 이제부터 당신을 영계의 여러 곳으로 안내하리다."

어느새 그와 나는 영계의 큰 산봉우리 위에 서 있었다. 그가 이곳으로 데려다 준 것이다. 나는 처음 보는 영계의 장관에 숨을 죽이고 서 있을 따름이었다. 그러면 눈 아래 펼쳐진 광경을 소개하기로 한다.

그것은 참으로 웅장한 경치였다. 내가 서 있는 왼쪽 저 멀리, 하늘을 찌를 듯이 높이 솟은 빙산은 줄지어 시계(視界)를 가로막고 버티고 있었으며, 그 산봉우리의 높이라든가 한없이 뻗어나간 산맥의 광경에서는 내가 일찍이 상상조차 못했던 거대하고도 장엄한 것이었다. 이 줄지은 산봉우리가 왼쪽으로 볼 수 있는 시계에서 가장 먼 경치었는데, 그곳까지 거리는 내가 인간계에서 쳐다보던 반짝이는 별보다도 훨씬 먼 거리라고 짐작되었다.

이 연봉은 왼쪽에서 시작해서 시계의 중앙으로 뻗어 내가 바라보는 정면에서 끊어졌다. 그리고 그 산맥이 끝난 자리에서 훨씬 더 멀리 푸른 물이 넘실거리는 바다와 같은 것이 퍼져 있었으며, 어디까지 널려있는지 더 멀리는 시력의 한계 때문에 알 수가 없었다. 바다 오른쪽으로는 사막인 양 광막한 대지가 펼쳐지고, 그 사막의 한가운데에는 바위산이 혹은 높게 혹은 낮게 옹기종기 천태만상으로 솟아 있었다.

사막이 나의 시야 정면에서 오른쪽까지의 중간에서 끝나자 다시 그곳에서부터는 하늘을 찌를 듯한 험한 산이 솟아 있었다. 하지만 이 산들의 높이는 아까 말한 얼음산처럼 높았으나, 한결 부드러운 윤곽이 보이고 있었다. 그 산에는 인간계의 산처럼 나무나 풀이 자라고 있음인지 녹색을 띠고 있었다.

이상이 나의 시야에 들어온 경치였으나 나와 이들 경치 사이에는 혹은 멀리 혹은 가까이 별별 모양의 사물을 볼 수 있었다. 바로 그곳이 영들이 사는 세계였다.

그곳에는 강도 언덕도 조그마한 산도 그리고 초원이나 계곡도 있었다. 숲이 우거진 지역도 있고 붉은 흙이 보이는 곳도 있었으며, 이 세상에 있는 모든 것이 있었다. 더구나 거리처럼 보이는 곳도 또 마을처럼 보이는 곳도 있어 거기에는 영들의 주택이 즐비하게 혹은 여기저기 흩어져 있기도 했다. 말할 나위도 없이 영들의 모습도 얼마든지 볼 수가 있었다.

수많은 영들의 모습을 보게 되자 별안간 내 마음에는 그때까지 생각지도 못했던 의문이 생겼다.

“영들이 형체를 지니고 있다니 과연 사실인가, 내가 환상을 보고 있는 게 아닌가?”

나는 불현듯 솟구치는 이러한 의문에 소스라치게 놀랐다. 이것은 참으로 생각할수록 이상한 일이 아닐 수 없었다. 왜냐하면 나 자신이 어엿한 영이 되어 있었을 뿐만 아니라 어제부터 나를 이곳에 안내해준 영도 내 눈으로 역력히 보아온 터였기 때문이었다.

나는 그에게 물어 보고자 했다. 그러나 그는 내가 묻기도 전에 내 마음을 꿰뚫고 있었다. 그는 이렇게 말했다.

“당신이 품고 있는 의심은 당연한 것이오. 그러나 당신이 보아온 사실은 모두가 진실뿐 당신의 환상의 소치는 아니오. 우리들 영은 모두가 인간과 동일한 형체를 갖추고 있으며, 이는 조금도 이상한 현상이 아니오. 새로운 영인 당신이 이런 의문을 갖게 된 것은 많은 사람들이 인간세계에 있었을 때 잘못된 생각을 해 왔기 때문이오.”

그는 이어서 다음과 같이 설명했다.

영은 인간과 같은 형체를 지니고 있다. 다만 영계는 인간계에서처럼 물질계 속에 있는 것이 아니어서 영이 지닌 형체는 인간의 그

것처럼 물질적인 육체의 형상을 가진 것이 아니다. 그러나 대부분의 인간이 생각하는 것처럼 영을 마치 공기나 에테르 또는 정기(精氣)와 같은 것이라고 생각한다면 그것은 엉뚱한 생각이다. 이 일에 대해서라면, 당신 역시 알고도 남음이 있을 것이다. 또한 영은 인간의 육체가 가진 기능인 눈, 귀, 코와 같은 감각도 다 갖추었고, 입이나 혀를 통해 말을 할 수 있는 점도 같다는 것은 새삼스럽게 설명할 필요가 없을 것이다.

여기까지 설명하자 그는 다시 말을 이어 내가 정령계의 항목에서 말한 바와 같이 세상 사람들을 잘못 깨우치고 있는 인간세계의 학자나 교회 관계자의 영에 대한 인식 부족을 나무랐다. 그리고 이렇게도 말했다.

"지금 내가 말한 것 외에도 영에게는 영적 감각과 능력이라는 것이 갖추어져 있으며, 이는 인간에게는 없는 것이오. 그렇지만 이 마당에서 더는 얘기하지 않겠소. 당신이 영계에 익숙해짐에 따라 스스로 깨닫게 될 것이니까."

그는 이렇게 말을 맺자 미소를 지으며 이왕이면 마저 얘기해 주겠다는 듯이, 앞서 그가 무한히 먼 곳으로부터 느닷없이 나타나 나를 놀라게 했던 일도 실상은 영능력(靈能力)의 하나이며, 영계에서는 일상다반사라고 변명했다.

나는 그의 얘기를 듣고 있는 동안에도 줄곧 눈 아래에서 펼쳐지는 경치를 눈여겨보고 있었다. 그러는 사이에 차츰 알게 된 것은 마치 인간계의 도시나 거리 그리고 촌락처럼 영들이 이리저리 하나의 집단을 지어서 생활하고 있는 것 같다는 점이다. 그도 그럴 것이 같은 시가지나 마을 안에 있는 영들의 모습이 어딘가 인간세계의 그것과 공통된 특징을 지닌 듯이 보였고, 또한 같은 시가지나 마을에 사는 영끼리 주고받는 대화의 친밀성에 비해 도시나 마을 경계에서 목격된 각기 다른 거리나 마을의 영들 사이가 그다지 친밀하지 못하다는 것을 보았기 때문이다. 그리고 집만 하더라도 도시와 촌락 사이에는 눈에 보이게 큰 차이가 드러남을 보았기 까닭이다.

나는 그를 따라 대여섯 군데 도시와 마을 - 이것이 영계의 단체라는 것을 후에 알았다. - 을 구경했다. 거리는 이 세상의 거리와 비슷했으나 다른 점이 있다고 하면, 하나의 도시면 도시, 마을이면 마을이 제각기 전체의 주택과 동일하다는 것, 즉 마을 전체가 석조면 석조, 목조면 목조, 토벽이면 토벽이라는 식으로 같은 재료를 썼고 게다가 같은 구조로 지어져 있는 점이다.

같은 거리나 마을에 사는 영의 얼굴 모습이나 성격에는 설사 생김새가 다르다고 해도 전원이 어딘가 모르게 공통된 성질을 갖고 있으며, 인간세계의 어버이와 아들 그리고 형제자매보다도 친밀성이 그 이상이었다는 점이다. 또 한 가지 특히 눈에 띤 것은 어느 거리나 마을이고 간에 원형으로 널려 있어 그 중심부에는 그곳에 가장 권위도 있고 덕이 높은 듯한 영이 살고 있으며, 중심부에서 원의 바깥쪽으로 갈수록 조금씩 질이 떨어지는 듯이 보였다는 점이다.

그러면 거리나 마을을 거닐고 있을 때 일어난 사소한 사건을 두 가지 정도 소개하기로 한다.

어느 거리를 찾아갔을 때였다. 나는 그 거리에 들어서기 전부터 웬일인지 이상야릇하게도 내 고향을 찾는 기분이었다. 거리에 들어서자 영들이 집안에서 혹은 거리 모퉁이에서 쏟아져 나와 나를 둘러싸는데, 영들의 용모나 모습을 보고 나는 깜짝 놀랐다. 왜냐하면 어느 얼굴을 뜯어보아도 내가 이미 몇 천 년 전부터 이미 알고 있는 친숙한 얼굴 같았기 때문이다. 그들은 또한 나를 보고 아주 그리웠던 사람을 만난 듯이 반겨주었다. 어느 얼굴에도 환영의 기쁨이 넘쳐 있었다. 나는 마냥 마음이 부풀어 오르는 것을 느끼지 않을 수 없었다. 그것은 마치 어린 시절을 보냈던 고향이 그리워 몇 년 만에 돌아온 기분이었다.

또 하나의 사건은 다른 마을에서의 일이다. 그는 나를 안내해서 마을 안을 걷고 있었는데, 안면이 있는 영을 만났는지 어느 영과 얘기를 나누게 되었다. 나는 어느 영의 뒤로 돌아가 그 어깨 너머로 마을의 상황을 구경하려고 했다. 그러자 그의 시선이 날카롭게 나를 쏘아 보았다. 다음 순간 나는 영문을 모른 채 땅바닥에 내동댕이쳐졌다. 그는 내 손을 잡아 일으키면서 이렇게 말하는 것이었다.

"영의 등 뒤에 서는 행위는 영계에서는 가장 무례한 짓이오. 앞으로는 주의하시오."

영계의 거리와 마을을 두루 돌아보고 나서 우리는 다시 먼저 올랐던 산꼭대기로 되돌아왔다. 산 아래와 굽어보이는 거리와 마을을 가리키면서 그는 영계의 단체에 관한 설명을 대충 다음과 같이 늘어놓았다.

영계에는 많은 단체가 있고 그들은 하나하나 거리와 마을 단위로 형성되어 함께 살아가고 있다. 영계에 있는 단체의 수는 아마도 수천 억 아니 훨씬 더 될지도 모른다. 영계에 이렇게 많은 단체가 있게 된 것은 영이 되어 육체의 속박을 벗어난 뒤의 인간이 그 본래 모습으로 돌아가서 참된 영적 성격을 되찾은 결과인 것이다. 이는 영원한 삶을 보내게 될 영계에서는 자기를 속여서는 안 되고 또 본래의 성격으로 돌아서지 않으면 삶을 이어갈 수가 없기 때문이다. 본래의 성격이 서로 맞는 자라야 함께 모여서 단체를 이루고 생활해 나가는 것이므로, 성격의 다양함에 따라 무수한 단체가 생기게 마련이다. 한 구역의 거리나 마을이 꼭 같은 지음새의 집을 가졌고, 같은 분위기를 자아내는 것은 그곳에 살고 있는 영의 성격이 서로 같기 때문이다.

이렇게 풀이한 그는 나의 의심을 풀어 주려는 듯 다음과 같이 말을 이었다.

영들이 원형을 이루고 사는 것은 영계의 질서를 나타내는 것이다. 그 중심에 살고 있는 영은 중심영이라고 이름하여 혼자서 단체의 질서를 유지하는 구실을 맡고 있으며, 권위와 힘도 지니고 있다. 또한 내가 어느 한 단체에서 환영을 받고 나 자신도 고향에 돌아온 듯한 따스함을 느낀 것은 조금도 이상한 일이 아니라, 나는 바로 그 단체에 소속되어야할 영으로서 이미 결정되어 있기 때문이라고 했다.

그리고 영의 등 뒤로 다가서는 것이 무례한 짓이라는 이상한 영계의 예절에 대해서는, 그러한 짓을 하면 앞의 영이 영계의 태양으로부터 받은 영류(靈流)의 흐름을 흩뜨리며 그 영에게 고통을 주게 되는데, 그 까닭은 영류란 것이 각 영들의 얼굴로 흘러들어, 등 뒤로 흘러 나가는 것이기 때문이라고 말했다.

여기까지 설명하자, 그는 영류라는 말에서 생각되었는지 다음과 같이 덧붙여 말했다.

"당신은 아직도 영계에서 알아둬야 할 일이 많소. 아까 말한 중심령의 힘이라든가 이제 말한 영류 얘기 따위는 모두가 영계의 태양을 모르고서는 올바른 이해를 할 도리가 없소. 언젠가 나는 영계의 태양에 관해서 얘기할 기회가 있을 것이오. 그러나 그보다 앞서 당신에게 또 보여줄 것이 있소."

"저쪽에서 수평의 막(幕)과 같은 것이 보이지 않소?"

그는 먼 하늘을 가리키면서 말했다. 나는 그가 가리키는 쪽을 보았으나 아무것도 없는 하늘뿐이었다. 그야말로 공(空)이었다. "당신의 영적 시력이 아직 트이지 않았소. 내가 표상(表像)으로써 당신에게 보여 주리다."

그렇게 말하자 하늘 한구석에 아주 엷은 공기의 막과 같은 것이 수평으로 떠 있고, 그 위쪽으로 우리가 있는 세계와 같은 세계가 또 하나 보이기 시작했다. 흡사 그것은 하늘 가운데 둥둥 떠 있는 세계로 밖에는 보이지 않았다. 그는 내가 놀라는 것을 모른 체 손가락으로 가리키면서 말을 이었다.

"저 세계에서 당신은 이 세계와 같은 것을 볼 수 있을 것이오. 또 수많은 영의 모습과 거리와 들도 그리고 산도 볼 수 있을 것이오. 그 세계도 영계입니다. 영계에는 세 개의 세계가 있으니, 이제부터 그것을 가르쳐 주겠소."

그의 말을 따라 그 세계의 온갖 것을 내 눈앞에 나타내기 시작했다. 그러자 나의 놀라움은 그것으로 그치지 않았다. 그가 그 세계 위쪽을 가리키며 다음과 같이 말했기 때문이다.

"저 세계의 공중에서도 엷은 하늘의 막을 볼 수 있을 것이오. 그 막의 위쪽을 다시 한 번 보시오."

놀랍게도 공중(空中) 세계의 위쪽에도 똑같은 공기의 막이 수평으로 끝없이 이어졌고, 그 위에 또 다른 세계, 즉 들과 산 그리고 바다와 촌락이, 또 영들의 모습이 보이는 것이었다.

그는 여기까지 보여준 후 설명을 하기 시작했다.

영계에서는 세 개의 세계, 즉 상, 중, 하의 3세계(三世界)가 있다. 3세계는 영계라는 점에서는 모두 똑같으나 세 영계에서 사는 영의 성질은 영의 인격적 높이라는 점에서는 차이가 있다. 상 세계(上世界)에 사는 영은 영으로서 마음의 창문이 가장 활짝 열려있고, 중 세계는 그 다음이고, 하 세계는 중 세계보다도 열등하다. 이 영의 성질의 차이에 따라 3세계의 양상이 달라지는 것이다. 그러나 그 자세한 것은 스스로 직접 보는 것이 좋을 것이다.

지금 내 눈앞에 펼쳐진 광경보다도 더 아름다운 광경을 본 일은 없었다. 그곳은 상 세계인데, 그를 따라 거대한 궁전과 궁전을 둘러싼 거리에 와 있었다.

이 궁전은 이 세상의 말로는 표현할 수 없으리만큼 웅장함과 극치를 이루고 있었다. 이 궁전과 비교할 만한 건조물은 과연 이 세상에 찾아볼 수 있을까? 지붕은 금(金)기와로 이은 것같이 찬란하고, 벽과 바닥은 형형색색의 아름다운 보석으로 만들어졌으며, 궁전 안의 방들과 복도 등의 장식에 이르기까지 도저히 말로는 표현하지 못할 훌륭한 것들이었다.

전의 남쪽에는 낙원이라고 생각되는 정원이 있고, 그 정원에 있는 모든 것들도 궁전처럼 휘황찬란한 것뿐이었다. 정원 안에는 은과 같은 나무에 금처럼 빛나는 영매가 열려 있기도 하였으며, 꽃들의 아름다움과 우아함은 흡사 천국에 온 것 같은 황홀한 것이었다.

궁전 주위의 거리에는 영들이 살고 있었는데, 그 거리의 영들이 사는 집들도 궁전만큼이나 훌륭한 것들이었다. 주택에는 방이 많았고 안방과 침실 등도 따로 있었다. 주택 주위를 둘러싼 정원은 꽃이 만발하였고 수목이 울창했으며, 논밭도 있었다. 영들의 주택은 도시의 거리처럼 질서 정연하게 배열되었고 길도 정리를 잘하여 아름다운 거리를 조성하고 있었다.

영들의 입은 옷 역시 새하얀 눈처럼 빛나는 것이었다. 궁전도 거리도 빛이 가득 차 밝았으며 영들의 얼굴도 행복에 넘쳐 있었고, 그들의 눈에는 높은 이성과 진리를 터득한 대오(大悟)를 나타내는 빛이 깃들어 있었다.

아름다운 광경에 취해 넋을 잃고 있을 때 그는 말했다.

영계의 3세계 중 상 세계(上 世界)는 이와 같이 아름답고 대오(大悟)로 빛나는 세계이다. 상 세계의 영들은 이와 같이 아름다운 세계 안에서 영원한 삶을 영위하고 있는 것이다. 그들의 삶은 진실로 천국의 행복에 가득 차 있을 것이다. 그들의 삶의 즐거움을 즐기는 방법은 지상에 있는 인간과 다르다. 인간들은 이와 같은 세계에서 행복한 삶을 보내게 될 때 무엇보다도 그 눈을 즐겁게 하려고 한다. 그러나 영들은 눈이 아니라 아름다운 사물에 의해서 표상되는 영의 마음을 즐기는 것이다.

내가 그를 따라 다니며 터득한 3세계의 차이점은 다음과 같다.

영계의 중(中), 하(下) 세계에 오자 궁전을 비롯하여 거리와 주택 등 모든 것들은 상 세계의 그것들만큼 찬란하지 않았으며, 영들이 느끼는 행복도 그에 상응(相應)하였고 태양빛조차도 상 세계만큼 밝지 못하였다. 상, 중, 하 3세계는 공기의 막(幕)과 같은 것으로 막혀 있어서 영들끼리의 교류나 교통이 없고, 이 점은 각각 그 사이에 교류하고 교통하는 같은 세계 안의 단체끼리의 경우와는 다르다는 것이었다.

"지금부터 영계의 태양에 대해 말하겠소. 태양은 우리들에게 신과도 같은 존재이며, 영계의 모든 것의 기초는 태양이오. 영계는 태양이 있으므로 해서 존재 가능하니 나는 이에 대하여 상세하게 말하겠소."

내가 처음으로 영계에 들어갔을 때, 가슴 정도의 높이에 떠 있었으며 움직이지 않는 태양을 보고 놀란 것은 앞에서 말한 바가 있다.

"모든 생명이 있는 것은 생명의 원천(源泉)과 이어져야만 비로소 생명이 있는 것이며, 그 생명을 유지할 수 있소. 원천과 연결되지 못하고는 생명은 있을 수 없으며, 영계의 영은 모두가 태양과 연결되어 영원한 삶을 향유하는 것이오."

그는 이렇게 강조한 후 다음과 같은 이야기를 시작하였다.

영계의 태양은 그 빛이 영계를 비추어 사물을 보게 하고, 또 사물을 생각하는 이성의 기초가 되고 있다. 그 열은 영들에게 생명을 부여하게 하고 있으며, 영류(靈流)라는 흐름은 영계 전체에 보내어 이것이 영계의 질서를 지키며, 영의 영적 능력의 기초가 되게 하고 있다. 이 영류야말로 영계와 자연계(이 세상)의 성질을 전혀 다른 것으로 만드는 근원(根源)이다.

영류에는 두 종류가 있는데 직접 영류와 간접 영류이다. 직접 영류는 태양으로부터 각 세계, 각 단체의 영에 주입되어 영의 능력의 기초가 되며, 간접 영류는 태양으로부터 보내진 후 상 세계를 거쳐 중 세계로, 중 세계를 거쳐 하 세계로, 흘러 들어간다. 또 각 세계의 영은 각 세계에 흘러 들어온 간접 영류도 직접 영류와 함께 받아들인다.

간접 영류는 이와 같이 영계 전체의 각 세계, 즉 각 단체와 모든 개개의 영을 연결하여 영계의 질서를 유지한다. 만약 간접 영류가 없으면 영계는 산산이 분해되어 존재할 수 없을 것이다. 영계의 태양은 영의 생명과 영계의 생명을 지키는 기초이다.

(1) 영의 상념의 교류

영계의 들판을 걷고 있던 그 영은 자기의 심장 속을 무엇이 툭툭 두들기고 있는 듯한 느낌이 들었다. 심장 내부에 다른 생물이 있을 리 없는데, 마치 작은 생물이 그곳을 손끝으로 툭툭 치는 듯한 느낌이었다. 그리고 그 생물은 그에게 무언가 말을 걸고 싶어 하고 있었다.

그는 그렇게 느꼈다. 그는 주위를 둘러보았다. 둘레를 휘둘러본 그는 멀리 떨어진 강기슭에 어딘가 기억이 있는 한 사람의 영의 모습을 본 듯 했으나 너무 먼 거리였기 때문에 분명히 알 수는 없었다.

"나를 부르는 자가 저쪽 강가에 있는 저 사람일까?"

그는 퍼뜩 그런 생각이 들었다. 그래서 그는 잠시 저편 강가를 바라보았다. 그러자 먼저 보았던 얼굴이 점점 뚜렷하게 나타나 얼굴을 잘 볼 수가 있었다.

"당신은…." 그는 놀라움과 그리움으로 강가의 사람을 바라보았다. 강가의 사람은 그가 죽어 영계에 들어오기 30년 전에 죽은 옛 친구였다. 이들 두 영은 서로의 얼굴을 열심히 바라보았다. 그러자 서로 간에 상대방 영이 생각하고 있는 것을 알 수가 있게 되었다.

그는 상대방의 영이 생각하고 있는 일이 그 영의 중심부로부터 조그만 덩어리가 되어 몸속에서 올라가 그것이 얼굴에 나타나 밖으로 나오는 것을 보았다.

"당신은 어제 이 영계에 왔소? 어느 단체에 속해 있소? 또 그 단체의 영적 성질은 어떻소?" 라고 묻고 있었다.

그는 질문에 대한 대답을 생각하고 있었다. 그러자 이 대답은 똑같이 그의 얼굴에 나타나 상대방의 영에 전달된 것 같았다. 상대방의 얼굴에서 그것을 읽을 수가 있었다.

"그 단체는 나도 알고 있소. 우리의 단체와 성질이 비슷한데 당신은 영계에 얼마나 익숙하오?"

상대방 영의 얼굴은 이렇게 말하고 있었다. 그와 동시에 상대방 영의 머리 위에는 지금까지 전혀 본 적이 없는 풍경이 떠올랐다. 넓은 사막과 그 안을 흐르는 구불구불한 강, 강의 상류에는 산들이 이어져 있었고, 강은 산 사이로 들어가 계곡이 되어 보이지 않았다. 그 계곡엔 많은 영들이 살고 있었다. 상대방 영의 얼굴은 계속하여 그에게 말하고 있었다.

"당신의 단체 표상(表像)을 나에게 보여 주시오."

그는 이렇게 되물었다.

"표상? 난 그 뜻을 잘 이해할 수가 없으니, 그것이 무엇을 의미하는지 알려주시오."

대답이 돌아왔다.

"당신은 내 머리 위에 보인 표상을 보지 않았소? 표상이란 바로 그것이오. 당신의 표상은 내게 보이지 않소. 당신은 아직 표상을 나타내는 것을 배우지 않았소?"

비로소 상대방 머리 위에 보인 상(像)이 표상이었음을 알았다. 이 표상은 그가 어떠한 곳에 있는가를 알려준 것이었다. 두 영은 상념의 교류를 계속하였다. 교류가 끝나자 그의 시야에서 상대방의 영은 사라지고 오직 강과 하늘만이 보일 뿐이었다.

나는 지금까지 상념(想念)의 교류라든가 표상이라는 말을 설명도 하지 않고 몇 번 썼다. 그러면 이제 그 말을 설명해 보기로 한다.

영계에서는 상념의 교류는 얼굴만 서로 바라보는 것과 말이나 글자를 쓰는 것 등이 있는데, 간단한 일은 얼굴을 보는 상념의 교류만으로 통할 수가 있는 것이 영의 세계이다.

상념의 교류는 이 경우에서 미루어 알 수 있듯이 한 사람의 영 – 이 경우에는 그의 상대방의 영 – 이 다른 영과 상념의 교류를 하고 싶으면 그 영의 얼굴을 생각해 내면 그것만으로 상대방의 영의 얼굴이 눈앞에 보이게 된다. 그리고 상념의 교류를 요구받은 상대방은 그가 느껴지는 것과 같은 어떠한 부르는 소리 – 그는 심장을 두드리는 것으로 알았다 – 를 느끼고 교류의 요구에 응한다. 상념은 영의 표정 위에 보이는 형태를 취하여 나타나게 된다.

상념을 교류하는 보조수단으로 표상이 있다. 그것을 나타내는 영에게는 자기도 의식하지 못하는 사이에 머리 위에 훨씬 더 뚜렷한 이미지가 나타나게 된다. 이것과 얼굴 표정에 의한 상념의 전달이란 두 가지 방법에 의해서 영은 서로의 생각과 느낌을 알 수가 있다.

(2) 무한히 연장되는 영의 상념

영은 그때 시야에 있는 커다란 숲의 흔들림과 동시에 아지랑이와 같이 투시할 수 있는 것으로 변해버린 것을 느꼈다. 그리고 숲의 저쪽에 하나의 광경이 보이기 시작하였다. 그것을 이 세상의 것으로 비교한다면 몇 천 년이나 지난 고대식의 장대한 궁전과 이집트의 피라미드를 몇 십 배로 크게 한 것 같은 건축물이 그 궁전의 주위를 둘러싸듯 서 있는 광경이었다. 궁전의 입구는 하늘까지 닿을 듯한 큰 문이 닫혀있었다.

어떻든 시야를 가로막고 있던 숲이 갑자기 투명한 공기의 막과 같은 것으로 변하고, 그 막의 존재조차도 알지 못하게 된 것은 웬일일까? 사실 그는 오래 전부터 어느 영의 일이 떠올라 그 영과 상념의 교류를 하려 하였다.

그 영과는 정령계에 있었던 때 이래로 한 번도 만나보지 못하였다. 그것은 2천 년이나 지난 옛날의 일이었는데, 그는 지금 무엇을 하고 있을까? 그러나 상념의 교류를 원하는 그의 희망에 비하여 그 영의 얼굴은 쉽사리 그의 눈에 보이지 않았다.

그는 이상하다고 생각했었는데, 얼마 후 자기의 내적 능력에 의해 상념의 연장을 하고자 하는 생각이 들었다. 그러자 얼마 후 그의 시야를 가리고 있던 숲이 아지랑이처럼 되어, 앞에서 말한 광경이 그의 눈에 펼쳐지게 된 것이다. 그러나 그곳에서도 상념의 교류를 원하던 그의 얼굴은 나타나지 않았다. 그는 다시 한 번 내적인 영능력의 강화에 힘썼다.

견고하게 보였던 입구의 문이 이번에는 먼저 번 숲처럼 흔들흔들 흔들리더니 반투명한 것이 되었다. 그리고 반투명이 된 때문에 겹쳐서 그 친구의 얼굴이 희미하게 보이더니 그것이 차차 뚜렷한 것이 되어갔다. 그 친구도 그가 상념의 교류를 바라고 있었다는 것을 알아차렸는지, 그의 얼굴을 좀 더 잘 보려고 하는 표정이 되었다.

그는 친구의 얼굴을 지켜보면서 마음속으로 이렇게 물었다.

"당신 요즈음 어떻게 지내시오? 또 지금 무엇을 하고 있소?"

그러자 물음에 대답을 하려는 듯이 그의 몸 안에 몇 개의 물체와 같은 것이 들어오는 것을 느꼈으며, 이윽고 그는 물체들을 몸 안에서 확실한 영상으로 볼 수 있었다. 그 영상은 영계의 문자를 빈틈없이 써넣은 두꺼운 장부와 그 단체의 호적부와 같은 것이라고 생각되었다. 그러나 이것으로 그가 알고자 원했던 것을 알기에는 너무나 부족했기에 마음속으로 다시 그 친구에게 물었다.

이번에는 궁전 전체가 흔들렸다. 그리고 궁전 바깥의 벽도 안에 있는 방의 벽도 모두 반투명이 되었다. 그는 궁전 안에 있는 모든 방 안까지도 들여다 볼 수 있었다. 친구가 거처하는 방은 특히 선명하게 보였다. 그리고 그 방안에는 그의 몸 안으로 전에 보내졌던 장부와 모래상자와 똑같은 것이 방안에 꽉 차 있었으며, 그 친구 이외에도 수십 명의 영들이 있는 것이 보였다. 그런데 이 영들은 무엇인가.

그림자와 같은 존재로 얼굴의 외형만 보일 뿐 얼굴 생김생김이 어떻게 생겼는지는 알 수 없고 매끈한 공처럼 밖에는 보이지 않았다. 친구인 영의 머리 위에는 숫자와 같은 것이 춤추기도 하고 뛰어오르기도 하였다. 동시에 방안에 쌓여있는 상자속의 수십 알의 모래가 번쩍번쩍 빛나면서 상자 밖으로 뛰어나와 친구인 영의 머리 위에서 빛나면서 뛰어오르고 있었다. 또 흡사 이것과 호응하듯이 그의 몸 안으로 전부터 보내져 있었던 상자 속의 모래알 몇 알도 그의 몸 안에서 빛나는 것을 알 수가 있었다.

다음 모래알은 그가 인간이었을 때에 알았던 사람들의 얼굴이나 역사상의 위대한 인물이 되어 그를 놀라게 했다. 이 빛나는 모래알은 전부 친구인 영과 같은 단체에 속하는 영 중에서도 그와 무엇인가 관계가 깊은 영들이었다. 계속해서 통신을 주고받았다. 그들의 상념 교류가 끝나자 궁전 안의 방도 친구도 장부도 그리고 모래 상자도 모두 사라지고, 그의 시야 멀리는 또다시 최초에 그의 시야를 가로 막고 있던 숲이 나타났고 그 역시 먼저 있던 장소에 되돌아와 있음을 알아차렸다.

인간에게는 벽 너머를 투사하거나 물건에 손을 대지 않고도 찬 것 뜨거운 것을 느끼며, 귀를 사용하지 않고도 소리를 듣거나, 더구나 다른 사람의 마음속에 있는 생각을 구체적인 형태를 갖춘 표상으로 본다는 것은 불가능한 일이다. 그러나 영계에서는 이러한 일은 흔히 할 수 있는 일이다. 영에게도 눈이나 귀가 있으므로 직접 보든가 듣든가 할 수도 있으나 그렇지 못할 때는 영은 내시력(內視力)이라고 하는 영 특유의 능력을 사용해서 보거나 듣거나 하게 된다.

지금 든 예에서, 그가 맨 처음에 상념의 교류를 이루지 못했던 것은 친구의 영이 숲 저쪽에 더구나 궁전 안에 있었기 때문인데, 그는 곧 이것을 깨닫고 내적 능력을 사용한 것이다. 친구로부터의 상념이 그의 몸 안으로 뛰어 들어온 것은 그가 내적 능력을 사용했기 때문이다.

그러면 왜 영계에서는 이런 일을 그렇게도 쉽게 할 수 있을까? 그것은 영계에는 영류(靈流)라고 하는 인간계에는 없는 흐름이 있어서 영계 전체를 그 속에 포함시키고 있기 때문이다. 모든 영상은 이 영류를 타고 영류 안 어디에나 옮겨간다. 영류는 물론 산, 바위, 궁전의 벽과 문 등 모든 것을 자유롭게 통과한다.

영계에서는 거의 없는 일이긴 하지만 상념의 교류를 하고 있는 당사자인 영 이외의 제삼자에게 영류를 타고 옮겨지는 영상이 눈에 들어오는 일이 극히 드물게 있다. 나 자신도 단 한번 뿐이긴 하나 하늘을 날아가는 대 산맥을 보고 몹시 놀랐던 일이 있다. 이것은 대

산맥이 날아간 것이 아니라 영류를 타고 옮겨지는 영상이 나의 눈에 보였던 것이다. 이처럼 영혼세계에 들어가면 영적 기능을 회복하고 배우는 데 얼마간의 시간이 걸린다고 한다.

천상에는 각 영혼의 상태에 맞도록 3개로 나눠지며 그 안에서도 또 서로 비슷한 영혼들끼리 모여 살게 된다고 한다. 맨 아래 사는 영혼이 그 위에 올라간다고 해서 더 행복하지 못하다. 그곳의 더 밝고 강한 태양의 영류를 감당할 수 없기에 그곳에 있으면 고통스럽다.

천상의 모든 필요한 에너지를 공급하는 태양으로 부터 영류를 받아 살아가고 있다. 각자가 그 태양 영류를 받아들일 수 있는 만큼 되는 곳에 살게 된다. 아래로 내려갈수록 빛의 강도는 낮아진다. (그러나 어디를 바라봐도 태양은 항상 바로 앞에 있다고 한다.)

3. 낙수, 천국을 다녀와서

'스베덴 보리의 위대한 선물'은 천국과 중간영계, 지옥을 소개하는 내용이지만, 결국 주제는 '우리의 삶'이다. 이 삶에는 죽음 이후의 세계도 포함되어 있다. 너무나 빠르게 변해가는 세상사에서 현대인들은 영성을 잃었고, 또한 마음 둘 곳을 잃었다. 가난과 질병을 이기지 못해 자살과 범죄가 늘어가는 것이 이를 증명한다. 그렇기에 스베덴 보리가 전하는 영생에 관한 메시지는 사람들을 더욱 크게 변화시키는 힘을 가지고 있다. 이 책은 47세에 심령적 체험을 겪은 후 하늘의 소명을 받고 신비적 신학자로 전향하여 27년간 영계를 자유롭게 오가며 지옥과 천국을 체험한 저자의 기록을 담아낸 것이다. 아무쪼록 이번 여행에 참가하신 여러 어르신들의 사후생이 부디 천상 상계에 머무시는 데 많은 도움이 되시길 기원합니다.

〈환청〉 '나 좀 죽게 내버려 두오'

〈사람으로 태어나서
무의미한 연명의료*를 거부하고

최소한 인간의 품위를 갖고
죽을 수 있는 내 권리를 막지 마시오.

내 정신이 혼미하여
아무 말도 못한다고

당신들 의료진 맘대로
무의미한 치료를 하지 마시오.

내 병이 얼마 아니면 죽을병인데
제발 앓느니 죽고 싶소!

담당 의사양반,
요즘 존엄사*라는 말이 있는데
그게 뭔가요?〉

나는 요양병원 닥터
회진 때마다 내 가슴으로
조용한 음성이 흐른다

‘나 좀 죽게 내버려 두오’

맙소사, 그런데 나는 왜
무의미한 연명의료를
계속해야만 하는가?

보호자(환자의 자녀)가 원해서?
만에 하나 나을지도 모르니까?

생명은 소중한 것, 내 맘대로 할 수 없으니
죽을 때까지 계속 치료할 수밖에 없지 않은가?!

환자의 나이는 이미 고령
파킨슨 병 말기, 의학적으로 회복 불가

고통은 갈수록 심해지는데
무슨 희망이 있다고

그렇다고 의식이 있는데
이미 넣었었던 영양 호스를
갑자기 제거할 수도 없고

‘제발 나 좀 죽게 내버려두오,
의사양반!’

오늘도 내 가슴에서 느끼는 아우성
언제쯤 그칠지 알 수 없구나

*무의미한 연명의료 : 나는 요양병원 의사로서 무의미한 연명의료를 받는 환자를 대할 때마다 무한한 연민을 느낀다. 옛날처럼 병원에 가지 않고 집에 있다가 물도 못 삼키면 그냥 그대로 내버려두면 '소극적 안락사'이고 본인이 사전에 의료 의향서를 작성해 놓았으면 그것이 바로 이른바 '존엄사'라고 하는데 이 두 용어는 본래 취지는 같다.('사전 연명의료 의향서':정부안 용어, 2017-11-27, 존엄사 인정법 시행)
이제 존엄사를 위해서 요양병원에서 할 수 있는 것은 인공호흡기는 물론 경관영양, 영양수액, 정맥주사, 투석, 수혈 등을 결정하는 일이다. 서서히 삼킴 장애가 나타날 때 연령, 현재 앓고 있는 질병의 종류, 합병증, 고통의 정도 그리고 보호자의 의견 및 경제적 형편까지 모든 것을 고려하여 매우 신중히 해야할 일이다.

※ 무의미한 연명의료의 부작용

- 인간으로서 최소한의 품위와 자연스런 죽음인 존엄사를 방해한다.
- 본인 뜻과는 상관없이 현대 의학을 최대한 활용하여 수명 연장에만 급급하여 부도덕은 물론 종교적으로도 죄를 짓는다.
- 무의미한 수명이 연장되는 만큼의 진료비는 후견인의 경제적 손실이 될 뿐만 아니라 나라의 막대한 건강보험 재정을 축내고 따라서 국민각자의 보험료 부담을 가중시킨다.
- 인간 생명을 담보로 하는 악덕 의료복지 사업자를 양산한다.
- 결국 환자는 물론이고 그와 관련된 많은 보호자들의 행복지수를 그만큼 떨어뜨린다.

인간의 죽음은 하등 생물처럼 단순한 생명의 끝이 아니다. 누구나 인생의 목적이 있고 죽음은 삶의 완성일진대 웰빙을 추구하는 현대인일수록 웰다잉을 원한다. 그러나 우리나라의 현실은 그러지 못하고 아직도 무의미한 연명의료를 계속하고 있어 너무나 안타깝다. 이제 우리도 선진국처럼 존엄사를 웰다잉의 대단원으로 생각하고 국가는 모든 질병을 체계적으로 무의미한 연명의료의 시점을 제

시하고 국민은 그 기준에 따라야 한다.

여기서 '존엄사'의 정의부터 조금 더 자세히 알아보자. 서울대 명예교수이며 존엄사에 대한 권위자이신 김건열 박사의 저서, 『존엄사』를 기초로 하여 안락사는 무엇이고 존엄사와 어떻게 다른지 요약해 본다.

[의학적으로 회복이 불가능한 말기 환자의 무의미한 연명의료를 중지하고 완화의료 시술 하에 환자의 소망(사전 의료 의향서)대로 고통 없는 평안한 자연사 과정의 죽음을 존엄스럽게 맞는 임종형태]로서 '소극적 안락사(환자의 고통스런 죽음을 내버려두기)'가 아니다.

이 원리는 치유 불가능한 말기환자는 누구나 치료를 거부하고 인간으로서 최소한의 품위를 갖고 존엄스럽게 죽을 권리가 있다는, 기본인권에서 유래한 것이다. 다만 존엄사는 의료시술의 절차상 정당한 근거(사전 의료 의향서)가 미리 준비되어 있어야 하며 만일 그것이 없으면 기본권 침해가 될 수 있다.

그 후 안락사는 막연히 불법이고 종교적으로도 안 된다고 알아왔는데 이제 우리는 이 문제를 확실히 할 때가 되었다. 원리는 모두 인간의 기본권에서 나왔다. '환자의 동의 없이는 치료할 수 없다. 회복 가능성이 없는 환자가 연명치료를 거부하고 최소한의 인간다운 품위를 갖고 죽을 수 있는 권리를 아무도 막을 수 없다.'는 것이다.

※ 안락사

소극적 안락사와 적극적 안락사 두 가지가 있다.

▶ 소극적 안락사

의학적으로 회복가능성이 없는 환자를 죽게 내버려두는 행위로서 모니터링과 진통제만 허용함.

- 시간 : 불치병으로 회복이 불가능한 환자를 위해서 무의미한 연명의료라고 확신이 들 때 담당 의사를 포함하여 2인 이상이 판정함.
- 장소 : 호스피스 병동, 요양병원의 독방 또는 자택의 조용한 곳으로 유도하여 유족의 임종을 허락함.
- 방법 : 인공호흡기, 불필요한 정맥주사, 경관영양, 완화 의료 등 모든 치료행위를 중단하고 모니터링과 진통제만 허용함.

▶ 적극적 안락사

불치병으로 고통 받는 환자에게 의사가 죽음을 앞당기는 행위(행위적 안락사). 이때 환자가 원했으면 적극적 자의적 안락사이고 환자의 허락이 없었으면 적극적 반反자의적 안락사이다. 적극적 안락사는 대부분의 나라에서 불법이고 종교적으로도 금하고 있다.

＊존엄사
존엄사는 소극적 안락사와 거의 같지만 다음의 요건을 갖춰야 한다.
• 의료행위의 절차적 정당화. • 사전에 작성된 환자 본인의 의사 확인('사전 의료 지향서', 환자가 건강할 때 미리 작성해 둔 것) • 완화의료 시술의 계속

이상 모두 무의미한 연명의료의 중단이지만 개념상 조금 차이가 있다. 요컨대 존엄사는 전제조건이 있다.(김건열 저, 『존엄사』 1, 2, 3권 참조)

〈수상〉 말 배우기

나는 세상에 태어나
어려서부터 말을 배우기 시작했다.

대학을 졸업하고 전문의, 박사가 될 때까지는
생각을 말로 표현하면 그만이었다.

그런데 언젠가 시를 쓰면서부터
같은 말도 더 좋은 말이나 표준말로
골라서 쓰는 버릇이 들기 시작했다.
말은 곧 인격이라는 생각이 들어서다.

또한 어릴 적부터 들은 말도 일일이
관심을 갖게 되었고 그 중에 애매한 말은
그 어원을 비롯해서 유사한 말까지 찾아보고
중요한 것은 메모하게 되었다.

나아가서 안목을 넓히고 마음의 양식을 위해서는
많은 독서가 필요했고 독서 중에 처음 접하는 말이나
특이한 것이 나오면 기회다 싶어 인터넷이나 사전에 묻곤 한다.

우리말은 물론이고 한자나 외국어 등 현재 통용되는 어떤 말도
열심히 그 뿌리를 캐다보면 의외의 수확으로 놀랄 때도 있다.

최근에는 정치 경제 사회 문화 예술 등 각 분야마다
지구촌 곳곳에서 새로 탄생하는 말이나 합성어가 밀물처럼
몰려와 조금만 게을러도 금세 귀머거리가 될 것 같다.

그렇게 내 가슴속에 저장된 말들은 시간을 따라 숙성되어
훗날 내 자신의 글 속에 밑거름으로 작용하는 것을 경험한다.

그래서 말은 행동으로 행동은 인격으로 나타나고 인격은 결국
내 운명이 되어 이승에서 숨 쉬다가 죽은 뒤에 문집으로 남아서
더러는 자식들에게 작은 빛이 될 것이다.

사이후이(死而後已)라는 말처럼 나의 말 배우기는 내가 죽어야
끝날 것
언어는 존재의 집이라는 실존주의 철학자*가 떠오른다.

나도 한 인간으로 태어나 아주 근사한 말의 집(시집)을 내어
후대에 물려주고 싶은 것이 내 솔직한 심정이다

*실존주의 철학자 : 하이데거.

〈금연 수기〉 나의 금연 투쟁 반생 기

[시작하는 말]

나는 담배 중독으로부터 벗어나는데 반생(40여 년)이 걸렸다. 의지가 약한 인간의 긴 투쟁이었다. 그 고통스런 경험과 지식을 통하여 담배를 끊지 못해서 매우 힘든 어르신들을 위하여 이 글을 쓰기로 작정했다. 모든 흡연자들이 단 하루라도 빨리 중독의 늪에서 빠져나오는데 이 글이 구명 로프가 되길 바라는 마음 간절하다.

서른한 살(1974)에 결혼한 후 몇 달 지나서 아내로부터 금연 요청을 받았다. 오로지 내 건강을 위해서라고 했다. 그 말을 듣고 내 마음은 편치 않았다. 열아홉 재수할 때부터 13년간 내 고독을 달래준 제일 친한 벗이 담배였기 때문이었다. 그러나 언젠가는 끊겠다고 하면서도 자신이 없어 기약은 못 했다.

그 후 아내의 금연 요구는 점차 늘어났고 그럴수록 내 맘은 은근히 거부감이 들면서 담배의 해독에 관하여 의학적으로 알고 싶어졌다. 또한 그 당시 국내는 물론 외국에서도 그것에 대한 연구가 아직 불모지였다. 그래서 나는 1981년 초 박사학위를 담배 해독에 관한 연구로 정하고 모교 병리학 교실에 찾아가 의논했다. 상담한 결과 나온 제목이 '흡연 및 니코틴이 백혈구 염색체에 미치는 영향에 관한 연구'였다.

당시 아주 희귀한 것으로 영국 의사들 중에 담배를 피우는 의사들이 스스로 피험자가 되어 연구한 기사가 [란셋]에 실렸는데 그 논문에 의하면 나 자신이 '중증 헤비 스모커'(골초)로서 재수할 때부터 20년간 매일 20개비를 피웠으니 담배지수*는 20×20=400이나 되었다.

논문 내용은 담배의 주성분인 니코틴은 독성이 없으나 담배가 탈 때 생기는 타르 속에 있는 많은 발암 물질이 염색체 변이를 일으켜 폐암을 비롯하여 식도암 방광암 구강암 유방암 등 많은 암을 유발한다는 것이었다.

내 논문의 결론은 다음과 같았다.

① 흡연자는 염색체 이상과 염색분체 교환 빈도가 비흡연자에 비해서 높았다.

② 염색체 이상이나 염색분체 교환은 흡연 연수에 관계없이 하루에 피우는 담배 양에 비례했다.

③ 니코틴과 담배 연기 응축물 처리군에서 강한 분열 억제작용이 나타났다.

④ 니코틴 처리군에서는 염색체 이상을 유발하지 않았으나 담배 연기 응축물 처리군에서는 흡연자 백혈구 배양 실험군에서 높은 염색체 이상을 나타냈다.

⑤ 비흡연자에서는 고령자에서만 염색체 이상이나 염색분체 교환 빈도가 높았으나 흡연자에서는 관계가 없었다.

---

*담배지수 : (토바코 인덱스, TI)=피운 햇수 x 매일 피우는 개비 수. 예) 10년째 하루 한 갑(20개비) 피우면 TI =10 x 20=200 은 '경증', 300이면 '중등도' 400 이상이면 '중증' 니코틴 중독으로 각각 분류했다.

자승자박이라는 말대로 내 논문이 내 자신을 묶는 오랏줄이 되고 말았다. 박사학위가 내 입을 다물게 했고 아내의 말은 더 큰 힘을 얻었다. 그 후로 나는 점차 아내 몰래 담배를 피우거나 발각되면 아내의 도끼눈도 불사하고 탐닉했다. 또한 아내는 담배 냄새를 무척이나 역겨워했으므로 자연히 나로부터 멀어져갔다.

연마(煙魔 : 담배 마귀)는 나를 굴복시켰다. 니코틴은 그 중독성이 아편보다도 훨씬 센 것임을 나중에 알았다. 혈중 농도가 다 떨어질 때(약 1시간)면 어김없이 나를 밖으로 불러냈다. 그러다보니 연마는 우리 부부 금실을 파괴하여 갈라놓고 초등학생인 아이(남매)들도 나를 혐오스런 눈으로 봤다. 아버지로서의 체통이 말이 아니었다. 연마는 우리 일가족을 이간질하고 화목해야할 가정을 불태웠다. 가족의 합환을 가로막고 행복지수를 바닥으로 끌어내렸다. 오랜 세월 담배 때문에 견디지 못하고 집을 나와 헤매는 가장이 얼마나 많은가. 그 속에는 훗날 노숙자로 전락하는 분들도 상당히 포함된다고 믿는다.

그 몇 년 후 마침내 나도 결단을 내리지 않을 수 없는 처지가 되었다. 1985년 부활절에 아내에게 금연을 선언했다. 아무 준비나 결심도 없이 쉽게 생각하고 결행했다. 그런데 생각보다 쉽게 성공했다. 가족들은 물론 친구 친지 성당 교우들도 모두 놀라면서 축하해주었다. 결코 금연이 어렵지 않다는 것을 보여준 셈이었다.

아 그러나 그토록 쉽게 얻은 천금의 보배를 깨닫지 못하고 그만큼 쉽게 잃어버리고 말았다. 다음 해 가을 부부싸움으로 금연의 제방이 무너졌다. 아내는 물론 아이들도 크게 낙담 실망했다. 그 이유는 지방에서 서울로 이전 개업을 하는데 필요한 자본금이 없어 벌

어진 의견 충돌 때문이었다.

아내가 그토록 싫어했던 담배가 증오의 바람을 타고 내 몸을 살라버릴 듯이 활활 타올랐다. 그동안 못 피운 것을 벌충이라도 할 듯이 용골대로 피워대는 내 가슴속엔 자포자기, 죽고 싶은 충동이 자리잡고 있었다. 연마는 전에 살던 것보다 더 무서운 악마로 둔갑하여 내 뇌 속 니코틴 중독 센터에 똬리치고 군림했다. 술과 커피를 신하로 거느린 욕망의 마왕이었다.

어렵게 월세로 얻은 내 클리닉은 너무나 환자가 없었다. 하루 내원 환자는 고작 칠팔 명으로 장래가 암담했다. 곰곰이 생각해보니 우리나라에서 맨 처음으로 시행되는 의료보험으로 인하여 외과 개업의는 개점휴업인 시대가 되고 말았으니 시대의 탓이었다. 직원 한 사람의 봉급도 못 주는 형편이 될 줄은 상상도 못 했었다. 결국 일 년 만에 이전했다. 갈현동에서 응암동 이면도로 2층에 월세로 문을 열었다.

역시 환자가 적어 고민했다. 그러나 또 이사할 수도 없어 좀 더 두고 보기로 하고 우선 독서와 글쓰기로 시간을 보냈다. 그러면서도 매시간 꾸준히 담배를 피우면서 스트레스를 달랬다. 일과를 마치고 퇴근하여 집에 가서는 흡연을 삼갔으나 아내는 금연을 종용했다. 그때마다 당월 말에는 반드시 끊겠다고 약속했다. 그러나 으레 작심삼일이었다. 그렇게 금연 약속은 월중행사로 이어지다가 연말이 되면 연중행사가 되었다. 물론 내 말에 부도를 내고 그토록 의지가 약한 것을 한탄했다.

그러다보니 나는 거짓말쟁이가 되었고 그 외 모든 진실도 함께 묻혀버렸다. 아내의 질책은 계속되었고 나는 퇴근 시간이 가까워지면 으레 이를 닦고 껌을 씹고 팝콘을 먹으며 담배 냄새를 제거하려고 안간힘을 썼다. 그러다가 얼마동안 아내는 불가능한 일로 포기하는 듯 보였다.

그러다가 2002년 구월 내 환갑날이었다. 서오릉 어느 식당에서 형제들과 함께 저녁 식사를 하는 자리였다. 식사를 다 마치고 헌수라고 하면서 조카들로부터 술이 몇 순배 돈 후였다. 마지막으로 아내가 잔을 권했다. 내 건강을 잘 지켜주길 바란다면서 작심 발언을 했다. 오랫동안 기다렸다는 듯이 신중히 말을 꺼냈다.

"이제 당신도 예순 살, 결코 적은 나이는 아니라고 생각해요. 본인과 가족들을 위해서 지금부터라도 담배는 끊어야 하지 않겠어요?!"

나는 갑자기 아내의 폭탄 발언에 할 말을 잃고 황당했다. 물론 금연을 약속하는 것은 백번 옳으나 전혀 마음의 준비가 없었기 때문이었다. 잠시 망설이다가 뒤로 물러설 자리도 없어 그냥 대답하고 말았다. 당장 담배를 끊겠다고.

다음 날 나는 평소처럼 출근하면서 과연 내가 오늘 하루 담배 유혹을 물리치고 금연을 실천할 수 있을까 생각하니 자신이 없었다. 엉겁결에 가족들 앞에서 해버린 금연약속이 큰 걱정이었다. 오전 열 시 무렵부터 연마(煙魔)가 유혹하기 시작했다. 온갖 감언이설로 내 마음을 흔든다. 그러나 나는 우선 점심시간에 집에 가야 하므로 냄새 때문에 오전만이라도 참자고 스스로 다그쳤다. 내 마음은 참으로 심원의마처럼 걷잡을 수 없었다.

겨우 참았다가 점심 후 클리닉에 돌아오자 연마는 엄청 센 아귀로 돌변하여 사생결단을 내자고 달려들었다.

〈니 오래 살면 백 살 살까! 그토록 고독했던 재수 삼수 때 한결같이 위로해준 막역지우를 배신하고 잘 될 것 같으냐!〉

그 순간 골초로 유명한 분들이 떠오른다. 정조대왕, 공초 선생, 처칠, 맥아더 등….

〈그리고 너는 마음의 준비도 없이 갑자기 아내의 꼼수에 넘어가 이리 된 것 아닌가?〉

마침내 나는 캐비닛을 열고 얼마 전에 선물 받았던 일제 '마일드 세븐'을 꺼냈다.

한 모금을 빠는 순간 맘이 흐뭇했다. 몇 모금을 연속 들이마시니 머리가 핑 돈다. 어언 만족감은 사라지고 참담한 패배감이 들기 시작했다. 자괴감이 몰려오더니 좌절감으로 변했다. 이것으로 내 인생도 막장인가 싶었다. 아내의 성난 얼굴이 떠오른다. 〈거짓말쟁이 얼간이….〉

생각할수록 자신이 이토록 쉽게 무너지는 박지약행의 바본가 싶어 후회막급이었다.

다음 날도 그랬다. 이미 깨진 맹세였다. 일과 시간에는 간호사 몰래 베란다에 숨어서 창문을 열고 피웠다. 자조의 쓴 웃음이 자연(紫煙)을 따라다녔다. 그런데 한 달포 지내는 동안 어찌된 일인지 아내는 아무 말이 없었다. 회갑 지난 남편 체면을 봐서 자식들 생각에 참았을까?

그러던 어느 날 오후 2시경 그날도 점심을 집에 가 먹고 클리닉으로 돌아와 베란다에서 신나게 흡연을 즐기고 있는데 갑자기 아내가 들이닥쳤다. 시장에 가다가 들렀단다. 맙소사, 이럴 수가! 나는 너무나 무안했다. 현장범으로 오리발은 불가능했다. 그 순간 내 체통은 땅에 떨어졌다. 아내는 쓰러지듯이 주저앉더니 가슴을 치면서 대성통곡했다. 분노와 실망 그리고 좌절감으로 몸부림쳤다. 나는 큰 충격을 받고 패닉 상태로 아내를 달랬다. 한 번만 더 믿어달라고 애원했다. 내 맘속으로도 굳게 다짐했다. 그렇게 말하는 찰라 40년을 내 머릿속에서 똬리치고 호령하던 연마 니코틴 아귀가 멀리멀리 빠져 달아났다. 나도 어지럽고 실신할 것 같았다.

그것이 내 인생에 마지막 담배였다. 열아홉 철부지에 배운 담배가 환갑을 지나 간신히 끊었으니 42년 동안 하루도 빼지 않고 중독 상태로 살아온 셈이었다. 얼마 후 나는 금연의 어려움을 절실히 깨닫고 내 자신의 피나는 금연 투쟁과 학위 논문을 비롯한 담배 해독에 관한 지식을 바탕으로 금연 상담 의사로서 흡연 중독자들을 돕기로 결심했다. 그동안 내 클리닉에서 진료 중에 흔히 봐왔던 천식 환자를 비롯해서 만성 기관지염, 기관지 확장증, 폐쇄성 폐질환 독감 등 그토록 숨막히는 가래 기침의 고통 중에도 담배를 끊지 못하고 방황하는 분들과 더 나아가 전국의 흡연 중독자들을 위해 의사로서 남은 여생을 다 바치고 싶었다.

며칠 후 내 클리닉 출입구에 '금연 상담 환영'이라는 안내문을 써 붙이고 본격적으로 금연 상담사로 출발했다. 아울러 〈맞춤 금연법〉(A4 용지 12쪽)이라는 팸플릿을 만들어 무료로 증정했다. 아래는 팸플릿 내용을 요약한 것이다.

1) 담배의 해독

① 최근 담배의 해독이 계속 밝혀지고 있는데 폐를 비롯한 식도암 방광암 구강암 설암 후두암 등 여러 장기의 발암은 물론이고

특히 뇌와 심장에 분포한 혈관에 치명적인 것으로 알려졌다.

② 혈관의 노화와 폐색으로 뇌경색 뇌졸중 치매 등을 악화시키고 관상동맥 경화로 인하여 허혈성 심장질환이 증가하고 거기다가 고혈압 당뇨 고지혈증 등 대사성 질환이 동반된 경우는 그 해독의 영향이 더욱 나빠져 급속도로 병을 악화시킨다.

③ 여성의 경우는 젊은 가임 여성의 미숙아 조산 사산 우려가 더 높고 선천성 심장병이나 폐 기능 저하 청력손실 등 다양한 형태의 기형아를 출산할 가능성이 증가한다.

④ 중년 여성은 남성의 정소에 비해 난소 세포가 쉽게 파괴되어 여성 호르몬의 감소로 인하여 조기폐경으로 노화가 빨라져 우울증 골다공증 뱃살비만 피부주름살 등이 는다.

⑤ 이외에도 인체의 머리끝에서 발끝(버거 씨 병)까지 피가 흐르는 모든 곳에 담배 해독이 나타난다. 그 해독은 일일이 설명할 수 없을 정도로 많다. 최근 캐나다는 담배 한 모금도 독("Poison in every puff")이라는 문구를 담배 개비마다 표기하였다.(2022.6.13.조선일보)

2) 금연 요령

금연 요령은 네 단계로 나눠서 순서대로 진행하는 것이 좋다. 네 단계란 결심 준비 실행 유지다. 이중에서 결심이 제일 중요하다. 요컨대 결심이 굳어야 성공하기 때문이다.

그러기 위해서는 그 동기가 확실해야 한다. 첫째는 자기의 건강이고 둘째는 자기 주변 환경이다. 생활환경을 오염시키고 냄새를 풍겨 가족은 물론 이웃에게 해(간접흡연)를 끼쳐 빈축을 받거나 혐

오감을 유발한다.

〈결심〉 결행 날짜, 디데이는 보통 결심을 굳히는 기간으로 약 한 달 이내로 잡으면 된다. 마음이 변하므로 너무 멀어도 안 되고 너무 가까워도 결심이 약해서 좋지 않다. 그 날은 상서로운 날짜, 이를테면 새해 첫날이나 자기나 가족의 생일, 국경일, 성탄절, 부활절, 부처님 오신 날 또는 결혼기념일 등이 제일 바람직하고 또한 여러 가지 사정(직장, 동창회, 각종 모임 주말 등)을 잘 고려하여 선택하면 된다. 날짜가 잡히면 미리 가족이나 친지들에게 알려야한다. 이때 간단한 약속행위로 내기를 하거나 손가락을 거는 등 다짐을 하는 것도 도움이 된다.

〈준비〉 이렇게 날짜가 잡히면 자기 맘속으로 준비를 해야 한다. 그때까지 담배연기로 가득 찬 죽음의 터널에서 생활한 것을 반성하고 이제는 그 터널에서 탈출해서 옛날 흡연하기 전 순수했던 청소년 시절로 돌아가 새로운 삶을 시작한다는 각오를 다져야한다. 그리고 가족 모두에게 금연을 선물로 주면 얼마나 기뻐할까 생각하고 그날을 염원해야 한다. 반드시 성공하여 그동안 실추된 명예와 긍지를 회복하리라고 몇 번이고 거듭 뜸을 들여야 한다.

〈실행〉 드디어 디데이가 가까워지면 담배와 관련된 모든 물건(담배는 물론 재떨이 파이프 담뱃갑 성냥 라이터 등)을 보이지 않게 완전히 치운다. 그리고 꼭 필요하지는 않으나 전에 몇 번 실패하신 분들이나 자신이 없으신 분들은 보건소나 단골 병의원 금연 클리닉에 찾아가 금연 보조제(내복약, 니코틴 패치, 니코틴 껌 등-일부 의보 적용 가능)를 준비해 두는 것도 도움이 된다. 통계적으로 금연 상담 전문가를 찾아가 도움을 받으면 성공률이 여섯 배나 높은 것으로 나타났다. 또한 친한 친구나 직장 동료와 함께 금연을 시도하거나 며칠 휴가를 내 그룹 치료 금연센터에 들어가 입소하면 더 큰 도움이 될 수 있다. 마지막으로 당부 드린다. 가급적 술과 커피를 마시는 모임은 피하는 것이 좋으나 그게 불가능하면 모임은 갖되 절대로 타협하지 말라. 절체절명의 위기로 생각하고 임전무퇴 불퇴전의 정신으로 초지일관하여 금연 고지를 돌파하라!

〈유지〉 금연 상태를 유지하는 것은 쉽지 않다. 그 이유는 금단 증상 때문이고 이것을 어떻게 잘 극복하느냐가 곧 금연 성공의 열쇠다. 일단 삼 개월 정도 유지하면 성공한 것으로 본다. 니코틴은 아편보다 중독성은 강하나 인체에 해롭지는 않아서 담배를 끊음으로써 오는 금단 증상은 아편만큼 크지 않다. 요컨대 공급을 중단해도 생리적으로 아무런 장애가 없으며 오히려 식욕이 나고 체중이 는다. 그러나 아편은 중단하면 실성할 정도로 큰 고통이 따르고 생리적으로도 견디기 매우 어려워 입원 치료를 받아야 한다.

금단 증상은 첫 1주가 고비다. 가끔 3~4주까지 지속되는 분도 있다. 증상과 대처 방법은 아래와 같다.

① 신경증상(우울 불안 집중력 감소 두통 불면 피로감) : 마음을 안정하고 휴식을 취한다. 산책 등 간단한 운동을 하고 온수 목욕, 심호흡을 한다.

② 기침 가래 : 그동안 폐에 쌓였던 타르를 제거하는 정상적 생리 작용으로 온수를 자주 마셔 거담을 돕는다.

③ 구강증세(갈증, 혀, 잇몸, 인후 통증) : 양치를 자주하고 주스나 냉수를 조금씩 마신다.

④ 소화 장애(장운동이 느려져 변비 소화불량이 1~2주 지속됨) : 채소나 과일 등 섬유소 식품이 좋다. 지방이 많거나 단 음식 또는 카페인 식품은 삼가는 것이 좋다. 어떤 분은 체중이 늘어 금연을 포기하는 사례가 있으나 소식과 운동으로 조절하면 된다.

※ 전자 담배는 말이 담배지 일반 담배 잎에서 니코틴만 추출한 것으로 생각하면 되는데 타르 성분이 없는 순수한 니코틴만 함유하고 있어서 인체에 아무 해독이 없다고 선전한다. 그러나 이것은 함정이다. 왜냐하면 더 확실하게 더 심하게 니코틴 중독 상태를 유지하므로 그것이 소진되면 곧장 일반 담배를 찾게 되기 때문이다. 결국 경제적인 부담만 늘고 금연은 더욱 멀리 사라질 뿐이다. 또한 전자 담배의 용기(파이프)도 인체에 해로운 것으로 알려졌다. 그러므로 판매상들의 상술에 절대로 현혹되지 말고 원래 생각대로 금연을 꼭 성취하여 자신과 가족과 이 사회를 건강하고 명랑하고 행복하게 만드는 향도가 되어주시길 바란다.

[맺는 말]

지금 내 나이 산수, 금연한 지도 어언 20년이 되었다. 이제 흡연으로 인한 호흡기(기도 기관지 폐포)의 세포 변형이 조직학적으로 완전히 흡연 전의 상태로 회복된다는 15년이 지난 지도 오래다. 회고하면 한 편의 드라마 같은 생각이 들면서 필요하면 언제든지 의사이자 담배박사로서 금연교사로 나설 용의가 있으며 아직도 힘들어하는 금연 열망자들을 위하여 몇 자 생각나는 대로 적어 보았다. 담배중독은 질병이므로 반드시 전문가 상담과 약이 필요하다는 것을 명심하고 자기 의지만 믿다가 실패하여 가족들을 실망시키지 않기를 바란다.

그대 한 사람의 금연으로 인하여 본인과 가족의 건강은 물론 가정의 행복지수가 얼마나 오를까 생각하면 금연을 아무리 강조해도 부족할 뿐이다. 아무쪼록 본의 아니게 담배의 해독을 모르고 단지 호기심으로 피우다가 중독된 모든 흡연자들이 하루라도 빨리 중독의 늪에서 벗어나길 바란다. 또한 훼손된 자신의 긍지와 건강을 되찾아온 가정이 평화와 웃음이 넘쳐 행복해져서 가화만사성이라는 말이 실현되길 진심으로 기원한다.

※ 현재 한국인의 흡연율(인터넷에서 인용한 것임.)

흡연은 폐암을 비롯한 각종 질환의 원인이 되는 것으로 알려져 있다. 과거에는 흡연이 개인의 기호로만 여겨졌지만 이제는 자신의 건강은 물론 간접흡연을 통해 주변 사람의 건강까지 해롭게 만드는 주요 위해요인으로 규정되고 있다. 따라서 흡연수준을 파악하는 것은 국민 건강을 평가하는 데 매우 중요하다.

한국 성인의 흡연율은 2019년 현재 21.5%이다. 흡연율은 남자 35.7%, 여자 6.7%로 성별 차이가 매우 크다. 여성 흡연을 금기시하는 사회적 분위기 때문에 여자들의 흡연율은 실제보다 낮게 보고되는 것으로 알려져 있다. 유럽의 경우에는 한국과 달리 남녀 간 흡연율 차이가 크지 않다. 한국 남자의 흡연율은 과거 60% 이상으로 매우 높았으나 2000년대에 들어 정부의 금연정책 영향과 사회적 인식의 변화로 최근 40% 아래로 낮아진 상태이다. 연령별로는 20대가 가장 높고 이후 나이가 들수록 낮아지는 경향을 보인다. 그럼에도 불구하고 노인인구의 10% 이상이 흡연을 하고 있다.

흡연율 통계는 국내와 해외에서 다른 기준으로 작성된다. 국내에서는 19세 이상 성인을 대상으로 '매일 흡연자'와 '가끔 흡연자'를 합산하여 집계하지만, 국제적으로는 15세 이상 인구를 대상으로 '매일 흡연자'만 집계한다. 국제 기준으로 집계한 한국인의 흡연율은 2019년 현재 16.4%로 OECD 국가들의 평균 흡연율인 16.5%보다 조금 낮다.

흡연은 폐암을 비롯한 각종 질환의 원인이 되는 것으로 알려져 있다. 과거에는 흡연이 개인의 기호로만 여겨졌지만 이제는 자신의 건강은 물론 간접흡연을 통해 주변 사람의 건강까지 해롭게 만드는 주요 위해요인으로 규정되고 있다. 따라서 흡연수준을 파악하는 것은 국민 건강을 평가하는 데 매우 중요하다.

한국 성인의 흡연율은 2019년 현재 21.5%이다. 흡연율은 남자 35.7%, 여자 6.7%로 성별 차이가 매우 크다. 여성 흡연을 금기시하는 사회적 분위기 때문에 여자들의 흡연율은 실제보다 낮게 보고되는 것으로 알려져 있다. 유럽의 경우에는 한국과 달리 남녀 간 흡연율 차이가 크지 않다. 한국 남자의 흡연율은 과거 60% 이상으로 매우 높았으나 2000년대에 들어 정부의 금연정책 영향과 사회적 인식의 변화로 최근 40% 아래로 낮아진 상태이다. 연령별로는 20대가 가장 높고 이후 나이가 들수록 낮아지는 경향을 보인다. 그럼

에도 불구하고 노인인구의 10% 이상이 흡연을 하고 있다.

흡연율 통계는 국내와 해외에서 다른 기준으로 작성된다. 국내에서는 19세 이상 성인을 대상으로 '매일 흡연자'와 '가끔 흡연자'를 합산하여 집계하지만, 국제적으로는 15세 이상 인구를 대상으로 '매일 흡연자'만 집계한다. 국제 기준으로 집계한 한국인의 흡연율은 2019년 현재 16.4%로 OECD 국가들의 평균 흡연율인 16.5%보다 조금 낮다.

※ 해외 소식(중앙일보 2022.12.14.)

뉴질랜드 : 현재 만 13세 이하(2009년 1월 1일 생부터) 평생 담배 못 산다.

초강력 금연법 통과, 판매 위반 시 벌금 1억 2,500만 원.(단 전자 담배는 제외)

2005년부터 담배 판매를 전면 금지한 부탄에 이어 세계에서 가장 엄격한 담배 규제 국가가 되었다. 뉴질랜드는 성인 흡연율이 8%로 OECD 38개국 중 가장 낮지만 원주민(마오리족 : 22.3%, 파시피카족 : 16.4 %)은 비교적 높은 편이다.

〈마지막 당부〉 금연을 결심한 분에게

우선 그대 대망의 결심을 축하합니다.
담배는 의지만 있으면 누구나 끊을 수 있습니다.
성패는 오로지 귀하의 각오에 달렸습니다.
단, 몇 번은 실패할 수 있습니다.
이 작은 책자의 목적은 그 횟수를 최소로 줄이는 데 있습니다.
오늘의 결심이 내일의 축복으로 바뀔 것을 확신합니다.
좋은 날(가족의 생일, 기념일, 명절, 국경일 등)을 택하여
가족 모임에서 공개적으로 선언하고 금연을 무형의 선물로 드리세요.
금연에 성공한 후 느껴지는 자신감과 행복은
그대의 가족과 이웃이 그토록 원하던 것입니다.
이제부터는 귀하도 금연 상담사가 되어 우리 사회를
더욱 깨끗하고 명랑하게 이끌어 주시길 바랍니다.
당신의 고귀한 금연 결심을 다시 한 번 축하하고
부디 성공하시길 기도하겠습니다. 감사합니다.

좋은 날, 지은이 배상.

〈서간〉 칠순을 맞은 아내에게

아네스, 우리가 1974. 12. 8. 결혼하여 오늘이 2018. 2. 4.이니까 만43년 1월 26일 되었어요. 그때가 엊그제 같은데 벌써 칠순이라니 시간은 더디고 세월은 빠르다는 것을 다시 한 번 실감해요. 우리가 세브란스병원에서 처음 만나던 때가 그리워요. 당신은 방년 27세, 나는 32세 청년 군의장교 육군 대위였어요.

그해 10월 중순 어느 주말, 나는 어머니를 모시고 당신 직장으로 갑자기 찾아갔지요. 큰누나가 소개해준 미스 정(명희)을 만날 생각에 희망과 호기심으로 가슴이 두근거렸는데 임자는 평소대로 근무하다가 졸지에 나타난 우리 모자를 보고 많이 놀랐을 거예요. 그러나 나는 은근히 그게 더 좋았어요. 미스 정의 순수한 민낯을 보고 싶었으니까요. 그런데 미스 정은 엄청 예쁘고 상냥했어요. 특히 눈이 여승처럼 맑게 빛났어요. 그리고 날씬한 몸매에 세련된 매너까지. 나는 그냥 황홀했어요. 처음 뵌 우리 어머니를 마치 자기 엄마처럼 따뜻이 모시는 태도가 아주 싹싹하고 자연스러웠어요.

그 뒤 우리는 아무 주저 없이 양가 부모님들의 허락을 받아 곧 혼인 날짜를 잡았어요. 우리는 천생연분이었는지 쉽게 코드가 맞아 자신도 모르게 순식간에 결혼행 초고속열차를 타고 달리기 시작했어요. 처음 만난 지 한 달 반 만에 골인, 식을 올렸으니까요.

나는 부대에서 도보 5분 거리에 있는 민가에 신접살림집을 미리 얻어놓고 아주 신바람이 났었지요. 신혼여행 가방을 풀자마자 밀월의 단꿈을 꾸기 시작했어요. 점심도 집에 와 함께하고 밤마다 연속극을 보면서 세월 가는 줄 몰랐지요. 그러다가 아쉽게도 6개월 만에 고생문이 열렸지요. 이미 계획된 전문의 과정이었지만 그 반년은 너무 짧았어요. 외국에서도 으레 의사 신혼 생활은 짧다고 들었었지요. 우리도 훗날 생각하니 그 시절이 무척 아쉬웠지요.

다음 해 제대하고 6월부터 시작된 수련의 생활은 정말 끔찍했고요. 처음 인턴 1년은 글자 그대로 병원 내에서 지냈고 다음 4년은 외과 전공의로 병원 머슴이자 외과 마당쇠로 수술실 중환자실 응급실을 천방지축으로 헤매다가 끼니도 밤낮도 세월도 잊어버렸지요. 기상이나 취침시간도 없이 위중한 환자들의 불침번이 되다보니 이 닦기 세면 면도를 제대로 못하고 꼭 넝마주이처럼 지냈지요. 그 판국에 언제 집에 가 신혼의 행복을…. 처음엔 젊음과 패기로 버티려고 했는데 1년도 못 되어 인내와 체력이 바닥났어요. 원래 약골인 나는 외과보다 내과에 맞다고 당신이 충고했었는데 내 고집으로 시작해놓고 보니 후회막급이었지요.

그렇게 병원에서 불철주야 환자들과 씨름하느라 번 아웃 되던 나도 나지만 아무 경험 없는 새댁인 당신은 당신대로 애송이 엄마로서 연년생인 두 아이를 단손으로 키우기는 결코 나보다 쉽지 않았겠지요. 워낙 독립심이 강한 엄마라서 주위 형제들에게 조금도 도움을 청하지 않고 혼자서 단칸 셋방에서 억척으로 해냈지요. 그러기를 5년여, 아이들이 유치원에 들어갈 무렵엔 조금 나아지고 나도 전문의가 되었지요. 당시 나는 주말에나 한 번씩 세탁물 때문에 잠시 틈을 내어 다녀가니까 참으로 해괴한 소문이 돌았지요. 그때 에피소드가 생각나요. 당신이 어느 '부자 사장의 첩'으로 이웃 주민들로부터 오해를 받았지요. 남편 같은 사람이 어쩌다가 주말에 밤늦게 들어왔다가 월요일에 새벽같이 나가버리니 그럴 만도 했지요. 그래서 이웃들이 보라는 듯이 결혼사진을 확대해서 화장대 위에 올려놓고 지내기에 내가 그 이유를 물은 적이 있지요. 또 한 번은 당신 혼자 이웃 동네로 이사해 놓고 그 약도를 우리 병원 직원을 통해 보내주어 주말에 그대로 찾아 갔었지요.

그런데 뭐니 뭐니 해도 나를 지금까지 살려준 것은 담배 중독에서 구해준 일이오. 결혼 얼마 후부터 내가 담배를 피울 때마다 당신은 성화였지요. 점차 그 도를 넘어 담배는 우리를 갈라놓는 쐐기가 되었어요. 그러던 어느 날 나는 화가 머리끝까지 치밀어 격노하면서 물었지요. "당신, 도대체 내 건강을 위해서 하는 말이요, 아니면 담배 냄새가 역겨워서요?" 즉시 퉁명스럽게 돌아온 대답은 "두 가지 다요!"였지요.

내 환갑을 맞아 형님 댁 가족과 함께 식사하면서 당신과 주위 사람들로부터 회갑을 축하하면서 오래오래 건강 하라는 덕담을 듣고 그 답사로 선언한 금연을 지키지 못하고 도둑같이 몰래 숨어서 피웠지요. 그러던 어느 날 마침내 당신한테 현장범으로 발각되자 당신은 실성한 사람처럼 그 자리에 주저앉더니 대성통곡했지요. 그때의 가슴 아픈 충격으로 악마 찰거머리 연신(煙神)은 내 몸에서 '뚜-욱' 소리를 지르며 영원히 내 몸을 떠나갔지요. 그 순간부터 지금까지 금연 중이니까 15년쯤 된 것 같아요. 결혼 후 그토록 긴 세월(28년간) 임자의 마음을 썩였으니 어떻게 말로 다 사죄할 수 있겠어요!

이제 그동안 말 못했던 것 한 가지를 속 시원히 고백할게요. 실은 내가 마흔 살이 될 무렵 독서를 열심히 하면서 자신의 언행을 성찰하다가 부부 사이만은 절대로 거짓말을 하지 않고 살기로 결심했지요. 이 세상에서 가장 가까운 아내를 속이는 것은 전혀 무가치한 인생이라고 판단하고 그 다음부터는 거의 완벽하게 실천했지요. 그러나 담배로 인하여 그것을 인정받지 못했어요. 매월 초나 새해 초에는 반드시 금연하겠다는 약속을 지키지 못하여 그 나머지는 모두 한몫에 묻혀버렸어요. 금연 약속을 제외한 내 모든 진실이 다 거짓으로 매도되었어요. 28년간 억울하게 매장된 나의 진실이 드디어 햇빛을 보게 되어 너무 기뻤어요. 그때부터 비로소 나는 진실한 당신의 남편으로 신뢰를 받게 되어 무한히 즐겁고 행복하게 되었어요. 모두 금연으로부터 거저 오는 종고지락이요 가화만사성의 출발점이었지요.

이제 와 생각하니 임자가 아니었으면 나는 일찍이 명을 달리했을 거요. 술과 니코틴 중독 그리고 급변하는 다혈질 성격으로 인한 광기로 말예요. 아네스, 내게는 당신이 제2의 어머니요 수호자였어요. 나는 늘 어린이처럼 어머니가 필요했고 천주교를 믿기 시작하면서부터는 성모님이 대신해주셨어요. 성모님이 바로 내 천국이지요. 그러던 2014년 7월 초, 우리 병원 집주인으로부터 건물이 매각되어 재건축하게 되었으니 비워달라는 통지를 받았어요. 그래서 8월말에 30년 가까이 해오던 클리닉을 폐업하고 지방에 내려가 새로운 환경과 직장에서 힘들게 적응하면서 새해를 맞았어요.

우리 가족은 대망의 2015년을 맞아 아들의 마지막 관문인 과거급제를 바라보고 두 손 모아 빌었지요. 신년 벽두에 치른 고시 후 발표까지 4개월은 너무나 피 말리는 나날이었어요. 오로지 천주님께 기도하는 것이 다였지요. 그러나 결과는 뜻밖이었어요. 나이든 아들의 낙방은 너무나 큰 충격이었어요. 임자는 아들의 고통을 온몸으로 앓아 몸져누웠어요. 입이 소태같이 쓰다면서 몇 주를 식음 전폐하고 있으므로 입원치료를 생각하다가 특효약이 없고 스트레스 질환이므로 임자의 기분전환을 위해서 궁리한 끝에 집수리를 계획하게 되었지요. 날마다 그 일을 돌보다가 겨우 몸을 추스르고 기력을 회복하나 했는데 또….

재앙은 겹쳐온다는 말처럼 추석을 한 주 앞둔 월요일(9.20) 아침, 임자의 낙상사고(왼쪽 발목 골절상)는 정말로 청천벽력이었어요. 그때는 얼마나 절박했는지 몰라요. 눈앞이 캄캄했으니까요. 그토록 고통스런 병중에도 당신은 수험생인 아들에게 알리지 못하게 하고 혼자 신음하면서 많이 울었지요. 나는 옛날의 내 경험으로 아들의 고뇌를 이해하고 그냥 한 해가 넘어가지 싶었는데 당신의 돌발사고는 처음 당하는 일이라 무척 황당하고 난감했지요. 우리 딸의 전화를 받고 나서 망연자실, 얼마동안 기도하고 나니 주님 말씀이 들려왔어요. '최선을 다하여 치료하고 늘 기도하며 참고 기다려라.'였어요.

그때부터 당신도 더욱 성모님께 매달렸지요. 그러니까 우리를 진정으로 다시 일으켜주신 분은 바로 성모님이라는 것을 임자도 인정하리라 믿어요. 지금 생각하면 이 모두가 우리 가족을 구원하시려는 주님의 심원한 계획이며 은총이라고 확신해요. 참으로 하느님의 깊고 오묘한 신비는 우리 인간의 머리로는 헤아릴 수 없어요. 내가 칠십 평생을 살고 깨달은 진리는 바로 『천로역정』처럼 지옥 같은 삶의 가시밭길을 지나봐야 천국이 있다는 것이에요. 고통을 스스로 체험하지 않고는 도저히 안락한 것을 알 수 없어요! 셰익스피어는 "역경이 사람에게 주는 교훈만큼 아름다운 것은 없다."고 말했대요.

아네스, 인생의 황금기는 70대라고 들었어요. 그래서 고희가 지나면 처성자옥(妻城子獄)에서 해방된다고 했어요. 곧 칠순이 지나면 아내의 성곽과 자식의 감옥에서 벗어나 자유롭게 된다는 말이래요. 오늘로서 우리도 그리되었으니 너무 걱정하지 말고 아무쪼록 해로동혈하는 그날까지 후손들의 성공과 영광을 지켜보고 축복하면서 행복하게 살아요. 나는 내 직업을 천직으로 알고 마지막 날까지 일하다가 저승에 가면 하느님 말씀 전하는 위대한 시인이 되고 싶어요. 그래서 몇 년 전부터 꾸준히 연습하고 있어요. 죽어가는 영혼을 위해서 우리 주님께 기도하는 만가집을 내려고요.

난세에 태어나 파란만장한 43년 동안 우리 가정을 지켜준 당신에게 오늘의 모든 영광을 돌리고 싶어요. 그리고 앞으로 남은 우리 여생은 내가 오래도록 살면서 임자를 지켜주고 싶어요. 여보, 그동안 수고 많이 했어요. 사랑해요. 당신의 칠순을 진심으로 축하해요. 내내 행복하고 만수무강하길 빌어요.

2018. 2. 4.

영원한 당신의 남편 루카가

〈단상〉 요양병원의 사명과 비전

사람은 언젠가는 죽는다. 인간의 수명은 무한한 시간에 비하면 지극히 짧은 순간일 뿐이다. 지금까지의 의학은 수명의 연장, 곧 장수에 초점을 맞춰왔다. 어떻게 하든지 노화를 지연시켜 오래 사는 것이 최선의 목표였다. 그러나 생자필멸이라는 말처럼 인간의 죽음은 피할 수 없다. 이것은 너무나 당연한 귀결인데 의학은 마치 죽음을 거부하고 영원히 살 것처럼 천방지축으로 죽음과 싸워왔다.

그러다가 최근에 와서 현대 의학은 죽음도 관심을 갖고 학문적으로 연구하는 이른바 죽음(의)학을 다루게 되었다. 웰다잉은 웰빙과 연결된 인생의 한 축이기 때문이다. 행복한 삶과 좋은 죽음은 동전의 양면이다. 예로부터 우리 선조들은 부자가 되어 덕을 많이 베풀면서 건강하게 오래오래 제 명을 다 살고 마지막에는 편안히 죽기를 바랐다. 그래서 죽음 복이라고 해서 자택에서 자식들이 지켜보는 가운데 편안히 죽는 것을 고종명이라고 하여 오복의 하나로 여겨왔다.

이제 의학은 죽음을 거부하거나 외면하지 않고 오히려 협조하고 포용하게 되었다. 죽음은 인생의 완성이고 대단원이기 때문이다. 공자 말씀에 유종지미라는 말이 있다. 아름다운 인생의 마무리가 죽음학의 목적이다.

의사는 인간의 삶의 종점인 죽음도 도와야 한다. 생불여사라는 말처럼 사는 것이 죽음만 못할 정도로 고통스러우면 말이 아니다. 호스피스 닥터는 인간으로서 최소한의 품위를 갖고 죽을 수 있는 천부적인 권리를 인정하고 무의미한 연명의료를 중단하여 자연스럽게 고통 없이 임종할 수 있도록 마지막 가는 길을 도울 의무가 있다.

이른바 소극적 안락사(죽게 내버려 두기)가 아닌 존엄사를 위하여 모든 의학적인 노력을 다해야 한다. 반드시 임종 환자에게 육체적 고통을 덜어주고 심리적으로나 종교적으로도 최상의 위로와 안락을 제공해야 한다. 얼마 전까지만 해도 우리는 자택이 아닌 곳에서 죽는 것을 객사라 하여 몹시 금기로 여겼다. 그러나 출생도 가정분만을 병원으로 바꿨듯이 사망도 병원을 택하게 되었다. 그만큼 구조적으로 사회가 급변했기 때문이다. 출생을 가족이 돌볼 수 없듯이 죽음도 마찬가지다. 그래서 병원은 사람이 태어나는 순간부터 죽는 날까지 책임지는 인생에서 가장 중요한 시기의 호스피스 시설이 되었다.

산부인과 병원이 산전관리부터 시작하여 아이가 출생할 때까지 면밀히 아기와 산모를 돌보듯이 요양병원은 인간이 자기 일생을 다 살고 말년에 불치병으로 입원하여 삶을 정리하고 떠날 때까지 고통받지 않고 편안히 지낼 수 있도록, 곧 사후생을 준비하는 곳이다. 요컨대 산부인과 병원은 이승을, 요양병원은 저승을 준비하는 시설이다.

그러므로 병원은 병을 고쳐 사회에 복귀시키는 급성기 병원과 불치병으로 어쩔 수 없이 일생을 마감하는 만성병원, 곧 요양병원이 있다. 다시 말하면 병을 치료하는 병원과 병고를 완화해주는 돌봄병원이다. 대부분의 병원은 전자에 속하고 요양병원이나 대학병원의 호스피스 병동은 후자에 속한다. 따라서 요양병원은 그 목적부터 다르다.

요양병원에 오는 환자들은 대부분 대학병원급 큰 종합병원에서 한결같이 선별된, 만성병이나 불치병으로 더 이상 치료해도 사회복귀가 불가능한 어르신들이다. 그렇지 않으면 안타깝게도 젊은 나이에 교통사고나 화재 등 불시 사고로 인하여 뇌손상이나 치명적인 중상을 입어 회복이 불가능한 분들이다. 그러므로 대부분의 환자들은 현재 앓고 있는 병명이 적힌 소견서와 복용 중인 약 처방전을 갖고 오신다.

예를 들면 치매 뇌경색후유증 편마비 파킨슨병 각종 암 말기 또는 심장 신장 부전 등 매우 다양한 질환을 복합적으로 앓거나, 그 외에 당뇨 고혈압 폐쇄성폐질환 천식 고지혈증 등 매우 다양하다. 이렇게 위중한 어르신들을 요양병원에서는 아예 백기를 들고 대한다. 의학의 항복인 셈이다. 그러므로 우선 이런 사정을 보호자에게 자세히 알려드려서 치유불가를 확인해야 한다. 그래서 요양병원은 치료가 목적이 아니고 환자를 돌아가실 때까지 편안히 모시는 돌봄병원임을 분명히 해둬야 한다.

현재 우리나라의 호스피스 완화의료 기관의 형태도 양질의 돌봄을 위해서 선진국처럼 우리 실정에 맞게 분화 발전해야 한다. 죽을병 앓는 것도 억울한데 가족까지 떨어져 지내야하는 현재 요양병원 형태는 바꿔야 한다. 마치 전상자 수용소처럼 일면식도 없는 사람끼리 한 방에서 여섯 명이 합숙생활을 하는 고령의 노인들은 얼마나 고독하고 외롭고 쓸쓸한가 생각하면 참으로 안타까운 실정이다. 그래서 필자는 이 자리를 빌려 새로운 비전을 갖고 새로운 형태의 모델을 제안하려고 한다.

한마디로 맞춤의료다. 웰빙과 웰다잉 사이의 경계를 없애고 시간적으로는 웰빙의 시간은 늘리고 다잉의 시간은 아주 짧게 하여 이른바 맞춤의료를 지향한다. 그러므로 병실보다는 거실이라는 말이 적합하다. 곧 환자를 위한 병실형 주택이다. 곧 주거와 병실을 겸한 특이한 구조를 가진 소형 아파트나 원룸 혹은 투룸 연립주택을 생각하면 된다. 그 단지 중앙에 의료센터를 두어 수시로 반경 2킬로 안에 거주하는 각 입소자들을 왕진 방문 간호하는 제도이다. 물론 환자들은 자기 가족이나 개인 간병인을 두거나 가능하면 혼자 지내도 된다. 응급상황이 돌발하면 인터폰으로 센터에 도움을 청한다.

그렇게 하려면 정부나 지자체가 나서서 요양실버타운에 소형 다가구 주택이나 중소형 아파트를 지어 관리하면서 환자들에게 임대해 주었다가 환자가 사망하면 반환하고 원래 살던 자기 집으로 돌아가면 그만이다. 그리고 입주 환자 중에 갑자기 병 상태가 위독해지면 중앙의료센터로 응급 이송하여 집중실에서 돌보다가 어느 정도 회복하면 다시 돌아가면 된다. 물론 센터에는 임종실을 갖추고 가족들의 기도 속에서 아름다운 작별을 고할 수 있는 글자 그대로 존엄한 고종명을 할 수 있게 해야 한다. 또한 입주 가족이 원하면 자기 거실에서 의료센터에 왕진을 청하여 가정 임종을 맞으면 더욱 편리할 것이다. 이때 종교예식도 가질 수 있어 더욱 만족할 수 있을 것이다.

이상 나의 제안은 선진국에서 이미 시범적으로 시행하고 있는 단계로서 각 나라마다 독특한 문화와 생활습관에 따라서 적합한 연구와 개발이 필요하다. 끝으로 우리나라도 반드시 짚고 넘어야할 것이 있다. 그것은 노인의학 전문의 제도이다. 아직 복지부 허락이 없어 '노인의학 인정의'만 각 노인 의학회 주관으로 관리하고 있는데 선진국에서는 매우 오래 전부터 하나의 독립된 전문의 과목으로서 시행하고 있다. 하루빨리 제도를 개선하여 노인의학 전문의를 양성해야 한다. 그리고 존엄사법이 대도시에 있는 일부 대학병원에서만 가능한 윤리위원회 설치 조항을 완화하여 전국 벽오지에 있는 요양병원에서도 시행할 수 있도록 현실에 맞게 개정 보완해야한다.

내 생애 70경

1. 그랜드 캐년(미국)
2. 바티칸 베드로 대성당 및 시스티나 성당(이태리)
3. 몽마르트르에서 내려다 본 파리시(프랑스)
4. 베르사이유 궁전 및 루브르 박물관(프랑스)
5. 계림, 이강에서 본 마운틴 스카이라인(중국)
6. 황산에서 내려다본 서해 대협곡(중국)
7. 장가계(중국)
8. 태항산 협곡, 천계산 폭포(중국)
9. 만리장성과 병마용총(중국)
10. 천안문 광장 및 자금성(중국)
11. 구채구 황룡 오채지(중국)
12. 천문산 케이블카 등정(중국)
13. 운대산, 소림사 야경, 홍석협(중국)
14. 코타키나발루 산 정상(4,100m)에서 본 일출(말련)
15. 여객기에서 내려다 본 북극해
16. 노르웨이 스웨덴 빙하와 호수
17. 하롱베이(베트남)
18. 앙코르 와트(캄보디아)
19. 갈릴리 호수, 오병이어 성당 주변(이스라엘)
20. 파르테논 및 델포이 신전과 석상(그리스)

21. 발틱해 유람선 갑판에서 본 야경과 오로라
22. 에펠탑 라운지에서 본 파리시 야경(프랑스)
23. 카프리섬에서 본 아드리아 해(이태리)
24. 예루살렘, 이슬람 사원 및 여러 성지(이스라엘)
25. 이스탄불 소피아 성당(터키)
26. 카파도키아, 파묵칼레(터키)
27. 일본 북해도 호수, 삿보로, 노보리 벳츠, 하코다태
28. 알팬 루트(일본)
29. 요세미티 국립공원(미국)
30. 샌프란시스코 금문교(미국)
31. 사이판 해변 단애, 만세절벽(미국)
32. 조롱공원(싱가포르)
33. 오사카(일본)
34. 백두산 장군봉에서 내려다본 천지
35. 금강산 구룡대에서 본 상팔담
36. 금강산 천선대 망운정에서 본 동해
37. 삼일포
38. 한라산 백록담
39. 설악산 단풍
40. 북한산 백운대
41. 도봉산 포대능선
42. 월출산 능선길
43. 마니산 능선길
44. 지리산 노고단에서 천왕봉까지 능선

45. 태백산, 천재단
46. 소백산 철쭉, 연화봉, 비로봉
47. 속리산 문장대
48. 관악산 연주대
49. 치악산 능선길, 상원사
50. 덕유산 향적봉
51. 내장산 단풍
52. 소요산 능선길
53. 계룡산 능선길
54. 대둔산 능선길
55. 울릉도 성인봉
56. 운악산
57. 민주지산
58. 화악산
59. 변산 낙조대
60. 주왕산
61. 영월 민둥산 억새
62. 창녕 화왕산 억새
63. 바래봉 철쭉
64. 한려수도, 한산도, 욕지도, 사량도, 미륵도, 외도
65. 흑산도, 홍도, 해상국립공원
66. 거문도, 백도
67. 진도, 완도, 보길도
68. 백령도

69. 울릉도
70. 거제도
71. 남해
72. 향일암
73. 곤지암 화담숲

※ 등고필부(登高必賦)라는 말(공자)처럼 높이 오르면 반드시 시를 읊는다는 뜻으로 여행 중에 감개무량했던 때의 감회가 늘 새롭다.

나의 유언

1. 임종 방식 : 존엄사를 원한다. 무의미한 연명치료를 거부하고 최소한의 인간으로서의 품위를 갖고 자택이나 병원 임종실에서 최후를 맞고 싶다. 그리고 그 전에 내 병이 불치병으로 판명되면 즉시 내게 알려주길 바란다. 혹여 뇌졸중으로 갑자기 인사불성이 되거나 졸도하여 혼수상태에 빠지면 뇌출혈이 있어도 뇌수술은 물론 무의미한 연명치료도 하지 말고 임종시간을 앞당겨 고통을 줄여다오. 절대로 무의미한 인공호흡이나 영양수액, 경관영양, 수혈, 투석 등은 하지 말라. 특히 치매에 걸리면 독방 격리수용도 좋다. 요컨대 스스로 몸을 가누지 못하고 스스로 먹지 못하면 모든 치료를 중단하길 바란다. 이제 시대가 너무 변하여 고종명은 바라지도 않지만 옆에 가족이 있어 천주님께 이 '죄 많은 인간을 사하여 주시고 아버지의 나라를 허락하소서'라고 기도해주면 제일 좋겠다. 장례는 내가 다니던 수색성당에서 해주길 바란다. (별지 사전의료의향서 참조)
2. 시신기증 여부 : 원하지 않음.
3. 임종 시 사전의료의향서 : 별책(대한죽음학회 간, 자주색 표지로 된 책)에 있음.
4. 원하는 장례 방식 : 천주교 식으로 3일장으로 하되, 화장하여 유골함을 안치할 장소는 유족에 맡김.
5. 종합상조 가입여부와 연락처 : 가입하지 않았음.

6. 부고를 보낼 사람들의 범위와 연락처 : 가족장으로 하고 친인척은 5촌 이내 가깝게 지내는 친지만, 유족이 알아서.

7. 장례형식에 특별히 바라는 내용이 있다면 : 가족장으로 장례미사를 드리되 조화나 부의금은 사양하고 진혼곡은 가톨릭 성가 50번(주님은 나의 목자), 218번(주여 당신 종이 여기)으로 할 것.

8. 사후 제사는 : 매년 기일에 연미사로 할 것.(단 주말이나 적당한 날짜 이동 가함.)

9. 유산 상속 : 아내의 뜻에 따름. 단 두 남매가 서로 충분히 우애심을 발휘, 십분 양보하여 합의하에 처리하기 바람.

10. 금융정보 : 아내에게 위임함.

11. 남기고 싶은 말 :

- 나는 평소 형제 친인척이 서로 도우며 화목하게 한 울타리 안에서 한 공동체로 살고 싶었으나 현실은 너무 어려웠다. 가급적 대가족제도가 좋다고 생각한다.
- 진실한 천주교인으로 살면서 가족을 비롯하여 누구에게나 거짓말을 하지 않고 믿음을 반드시 실천하고 싶었으나 박지약행이었다.
- 지천명의 나이가 되어서야 가훈(자서전에 있음)을 성찰해보고 실천하려고 노력했다. 삶의 버팀목은 언제나 미사, 묵주기도, 독서, 시 쓰기였다. 의학은 내 나무의 뿌리이고 시는 열매다.
- 부부사랑을 사회봉사로 승화시키고 싶었으나 너무 어려웠다.
- 내 나이가 아내보다 5년이나 많아서 우리 평균수명으로 계산하면 내 사후 아내는 약 10년을 더 살게 될 것이다. 그러니 정선

아 성미야 엄마를 잘 부탁한다. 늙어 힘없고 푼수라고 무시하지 말고 잘 봉양하길 바란다. 어릴 적 너희를 위해 그토록 애쓴 공덕을 잊지 말아라. 당시 너희가 꿈나무였던 것처럼 그 꿈대로 보답하라. 그래야만 너희들도 그리될 것이다.

- 가끔 이 아비가 생각나거든 내가 쓴 책들을 읽어보고 너희들도 2세를 위해서 더 좋은 글을 남겨라. 나름대로 생각 끝에 찾아낸 방법으로 가족 간에 세대와 시대를 초월하여 소통할 수 있는 방법은 이것뿐이더라.
- 일생을 살면서 행복했던 시간은 주일 미사와 묵주기도, 성서 읽기, 시 쓰기, 산책, 독서, 그림, 여행, 등산 등이었다. 술은 언제나 반주였다.
- 내 인생은 행운이 몇 번 있었다. 첫째는 지극히 선량하고 지능이 좋은 부모님의 아들로 태어난 행운이고(남존여비 사상으로 남자이기 때문에 공부할 수 있었다). 둘째는 좋은 아내를 만나 아들과 딸을 낳아 잘 키웠다. 엄마가 지극정성으로 너희를 잘 양육하고 가르쳐주어 늘 고마웠다. 셋째는 아버님의 직업(한의사)을 전승하여 의사가 된 일이다. 그리고 마지막으로 천주교 신자가 된 하느님의 은총이다. 그리고 또한 너희가 건강하게 잘 자라고 공부도 잘 해서 이 모두가 하느님의 은총이라 믿고 감사하면서 더욱 열심히 신앙생활을 하게 되었다. 내 삶의 신조는 언제나 가화만사성(家和萬事成)이라는 명언이었으며 '위대한 애국자는 나라를 위해서, 훌륭한 가장은 가정을 위해 목숨을 바친다는 희생정신이었다. 부부간의 사랑도 희생보다 더 숭고한 것은 없다. 또한 가정의 중심은 유가(儒家)에서처럼 아버지가 아

니고 오히려 모성인 어머니라고 깨닫고 그리 살아왔다.

• 고백하건대 "그리스도는 하느님의 아들이고 참으로 부활하셨다."는 믿음은 영세(38세) 후 처음에는 받아들이기 어려웠다. 그러나 그럴수록 더 열심히 기도했다. 그런데 늘 기도하는 중에 주님의 은총으로 조금씩 믿어지더니 결국 확신이 생겼다! 이것이 바로 신앙의 신비다. 이것은 논리적으로는 설명이 불가능하지만 내 자신이 깨달은 신비스런 신앙 간증이다. 나는 가끔 주님의 뜨거운 사랑을 증언하기 위해서 빛을 향해 몸을 던지는 불나비처럼 이 초라한 생명도 불사할 정도로 타오르는 감정이입을 체험하고 시로도 표현해 보았다. 이른바 성경구절을 인용한 성시다.

• 마지막으로 부탁이 있다. 늘 성모님께 간절히 기도하길 바란다. 성모님은 발현하실 때마다 이르셨다. 당신을 믿고 기도하면 꼭 들어주시겠다고! 너희는 주님을 외면하지 말고 나보다 더 열심히 주님을 위해 살아라. 이승은 오로지 영원한 천상생명으로 태어나기 위한 준비 과정으로 사랑을 배우는 지극히 짧은 속성 학교라는 것을 명심하라. 저녁에는 시간을 내어 묵주기도를 드리면서 하루를 반성하고 성경을 꾸준히 읽어라. 이 세상에 이보다 더 좋은 지혜의 책은 없다는 것을 알아라. 성경은 천국을 찾아가는 가로등이다. 이승의 삶은 매우 짧은 순간이다. 부디 영원한 평화의 집에서 만나자. 사후 천상생명으로 태어남은 우리들 모두의 꿈이다. 내 오마주는 항상 성녀 마더 데레사 수녀님이었다.

• 인간은 누구나 무한한 시간 속에 찰나를 살 뿐이다. 인생은 너

무 짧더라. 여명이 얼마 안 남았다고 생각하는 순간 이미 종점이다. 일생이 수증기처럼 증발한 시간이었다. "밀알 하나가 땅에 떨어져 죽지 않으면 한 알 그대로 남아 있고 죽으면 많은 열매를 맺는다."[요한12:24]

이 말씀은 나를 구원해주시는 영원한 성구다. 임종하는 이에게 이보다 더 좋은 위로의 복음은 없다. 너희는 항상 주님의 평화와 기쁨 안에서 자선을 베풀고 덕을 많이 쌓아라. 아빠가 팔순 나이에 깨달은 것이 있다면 자업자득(自業自得)이라는 말이다. 오늘 한 것이 내일은 그 결과로 나타나고 젊어서 한 일이 늙어서 조금도 첨삭 없이 그대로 업보로 돌아온다는 것이다. 요컨대 자작지얼이요 자승자박이다. 언제나 겸손한 마음으로 선행을 습관화하고 살아라. 명심하라. 세 살 버릇이 저승까지 간다는 것을. 일생을 사는 습관은 영혼에 배어서 저승에 가서도(영계에서는 아직 적응이 어려워) 천상계(천계는 상,중,하계로 나뉘고 지옥계도 상,중,하계로 나뉨)로 찾아 가는 더듬이가 된다고 한다. 이때 임종내영한 안내 영을 따라간단다.

• 사랑하는 정○아 희○아 훈○아 미○아, 부디 너희 남매 의좋게 살아라. 너희들 지극한 효성이 고마웠다. 부족한 아빠를 용서해다오. 장래 훌륭한 가문을 이루어 나라에 이바지하고 무엇이든 하느님께 여쭤보고 실행하되 늘 성실한 사람이 되어라. 행복의 문은 바로 부부 사랑이다. 명심하라. 이제 슬픔을 거두고 웃자. 죄 많은 나의 보속을 위해 많은 기도와 성원을 부탁한다. 그럼 천상 생명으로 태어나 다시 만날 때까지 안녕!

2023. 4. (작성)

〈장수 의학〉 인간 수명 체크표

※인간의 수명은 타고난 유전적 체질과 사는 동안 주위 환경과 자기 생활 습관 등 많은 외부 영향을 받는다.

다음 표는 그 원인을 일일이 감안하여 만든 표로서 장래 여명을 체크해 보는 것도 장수를 위한 건강에 도움이 될 것으로 믿는다.

〈가족력〉

1. 조부모 수명 : 한 분이 80세 이상 장수(+1년)
   두 분 모두 80세 이상 장수(+2년)
   두 분 모두 70세 이상 장수(+1년)
   한 분이 70세 이상 장수(+0.5년)
2. 부모 수명 : 모친 80세 이상 장수(+4)
   부친 80세 이상 장수(+2)
3. 4촌 이내 친척 중 심장혈관질환 유무
   50세 전 사망자 1명 당(−4)
   60세 전 사망자 1명 당(−2)
4. 친척 중 당뇨병, 고혈압, 위궤양 등 유전질환의 유무
   60세 전 관련 질환으로 사망자 1명 당(−3)
   60세 전 위암 사망자 1명 당(−2)
   60세 전 기타 요인 사망자 1명 당(−1)

5. 임신경력(여자) : 40세 이상으로 자식이 없음(−0.5)
40세 이상으로 7명 이상 출산(−1)
6. 출생 시 모친 연령 : 만18세 이하 또는 35세 이상(−1)
7. 출생 시 장남 혹은 장녀(+1)
8. 지성 : 타인보다 스마트하다고 생각(+2)

〈건강〉

9. 체중 : 비만(과체중)(−2)
10. 식생활 습관 : 채식 좋아하고 과식 안 함(+1)
11. 흡연량 : 2갑 이상(−12)
1~2갑(−7)
1갑 이내(−2)
흡연 안 함(0)
12. 음주 : 주3회(+3)
주1회(0)
13. 운동량 : 주3회(+3)
주1회(0)
14. 수면시간 : 6~8시간(0)
10시간 이상, 5시간 이내(−2)
15. 성생활 : 주 1~2회 이상 만족한 성생활(+2)
16. 정기 건강검진 : 유방검사, 질세포검사, 항문검사(+2)
17. 건강 상태 : 건강불량, 만성질환, 자주 앓는다(−5)

〈교육정도와 직업〉

18. 교육수준 : 대졸(+3년)
고졸(+1)
고 중퇴 또는 중졸(0)
대 중퇴(+2)
초교 중퇴 및 무학(−2)

19. 직업 : 전문직(+1.5)
행정직, 기술직, 관리직, 농사(+1)
반 기술직(−0.5)
육체노동(−4)

〈생활방식〉

20. 가계수입 : 평균이상(+1)
평균이하(−1)

21. 근무활동 : 신체활동이 비교적 많음(+2)
거의 하루 종일 앉아서 근무(−2)

22. 연령과 일 : 60세 이상 직업 있음(+2)
65세 이상 직업 있음(+3)

23. 거주지 : 도시(−1)
시골(농촌)(+1)

24. 결혼 상태 : 기혼 남자로 부부동거(+1)
기혼 남자로 별거, 이혼(−9)
사별한 홀아비(−7)
혼자된 남자로 가족과 동거(−4)

여자가 이혼 또는 별거(−4)

남편 잃은 여자가 혼자 살 때(−3.5)

혼자된 여자가 가족과 동거(−2)

25. 독신의 경우 생활상태 : 여자가 결혼한 경험이 없다(−1)

남자독신으로 친구, 가족과 동거(−1)

남자독신, 혼자 산다(−1)

26. 생의 변화 : 직업, 주거환경, 친구, 애인, 모습 변화(−2)
27. 친구관계 : 모든 것을 의논할 친구가 2명 이상 있음(+1)
28. 호전적 성격 : 시간에 쫓기는 느낌, 공격적 성격(−2~−5)
29. 융통성 : 조용, 이성적, 여유 있음, 적응력 있음(+1~3)
30. 모험적 성격 : 안전벨트 없이 과속, 우범지역 거주(−2)
31. 행복한 성격 : 생활에 즐거움이 많음(+2)

※ 이상 31가지 변수를 모두 더해서 한국인 평균 수명표의 연령에 더하(빼)면 자기 기대수명이 된다.

이 표는 Diana S. Woodruff(미국 대학교수, 재미 한국인 부인)의 노년학 저서, 『당신은 100살 이상 살 수 있습니까?』에서 인용한 것임.(2020년 한국인 평균수명은 남−80.5세, 여−86.4세, 합은 83.5세이다.)

문학세계대표작가선 988

열반당 번데기의 꿈

김홍열 시집

인쇄 1판 1쇄　2023년 4월 27일
발행 1판 1쇄　2023년 5월　4일

지 은 이 : 김홍열
펴 낸 이 : 김천우
펴 낸 곳 : 도서출판 천우
등　　록 : 1992. 2. 15. 제1-1307호
주　　소 : 서울시 성동구 무학봉28길 6 금용빌딩 2F
전　　화 : 02)2298-7661
팩　　스 : 02)2298-7665
http://blog.naver.com/cw7661
E-mail : cw7661@naver.com

값 20,000원

ISBN 978-89-7954-897-6